AVERSO

EL INCREÍBLE POETA MENGUANTE

Antología poética

Pedro Flores

Número 46 de la Colección **AVERSO POESÍA**

El increíble poeta menguante

Edición al cuidado de Averso Poesía
www.aversopoesia.com

hola@aversopoesia.com

Imágenes de cubierta: Escena del pueblo ficticio de Holstenwall, de la película muda *El Gabinete del Dr. Caligari*. Fotograma de la película *El gabinete del Dr. Caligari*, estrenada en 1920.

Primera edición: marzo de 2025
ISBN: 978-84-129987-6-4
Depósito Legal: GR 452-2025

Impreso en España - *Printed in Spain*

El papel utilizado para la impresión de este libro está calificado como papel ecológico y procede de bosques gestionados de manera sostenible.

EL INCREÍBLE POETA MENGUANTE

Antología poética

Pedro Flores

«Porque nadie es poeta sin corbata de lazo».

José Mauro de Vasconcelos

«porque escribí y me muero por mi cuenta».

Enrique Lihn

«De pronto comprendí que, en realidad, eran los dos extremos de un mismo concepto».

Grant Williams como Scott Carey
en *El increíble hombre menguante*

Un rumano que vende rosas

«rosa de
nada, de nadie».
CELAN

Cuando el rumano de las rosas entra en el restaurante
yo trato de mirar para otra parte.
Me da vergüenza comprarte una rosa
pero me da vergüenza no comprarte una rosa.
José Ángel Valente cena solo en la mesa de al lado,
pero el rumano de las rosas sólo aborda a las parejas
porque sabe que da vergüenza comprar una rosa
pero más vergüenza da no comprar una rosa.
¿Por otra parte, por qué será que a uno le da reparo
meter una rosa en el poema pero desde que pica
y dice rosa empieza a nombrar todas las rosas?
¿Se llamará a eso síndrome de Stein?
En la mesa de al lado Valente traduce a Paul Celan
pero yo me he sonrojado al darte esta rosa mustia
envuelta en celofán. Celan sabía que Valente
le compraría todas las rosas, pero prefiere venderlas así,
de una en una, para vergüenza de los enamorados.
Esta noche las ha vendido todas y *Siete rosas más tarde*
están violetas sus labios recién sacados del Sena.
Y a uno le da vergüenza haberle comprado una rosa,
aunque la traduzca José Ángel Valente, pero más
    vergüenza da
no haber comprado nunca la rosa mustia
que te deja sobre la mesa un hombre ahogado.

Auguste Dupin investiga el asesinato de Mary Rogers

«Ella duerme, amor mío. ¡Oh!, mi alma le desea
que así como es eterno, profundo el sueño sea».
NO DIRÉ EL NOMBRE DEL POETA PORQUE NO SOY UN CHIVATO

No hay muchos poemas de detectives,
aunque yo no soy exactamente un detective.
Sí que hay infinidad de poemas de muchachas hermosas.
También abundan las ahogadas en la poesía;
las mujeres que se ahogan en camisón tienen algo de
ángeles.
Hay enjambres de ángeles en la poesía.
También está la poesía llena de ríos,
para que tengan las ahogadas donde ahogarse
y los ángeles donde parecer mujeres en camisón.
En aquélla, en la poesía, no son demasiados los asesinos,
pero abundan los poetas; el poeta
y otros poetas que el poeta invita a su poema;
que ridiculiza en su poema,
que adula en su poema,
que llora en su poema.
Me dijeron que en este poema se oculta un asesino;
¿el señor Anderson? No tenía motivos, y además es
un caballero
y no hay demasiados caballeros en la poesía.
¿El novio? ¿Por qué no confesarlo en su carta de
suicidio?,
ya que la poesía está llena de suicidas.
Sigo pensando que en este poema se oculta el asesino,

es más, pienso que en este poema se oculta un poeta,
más aún, digo que el poeta oculta en su reverso un
ángel.
Ayer sacaron a Mary Rogers de las aguas del Hudson;
los ángeles deben parecerse a Mary ahogada.
A mí me contrató un poeta que no puede pagarme,
uno con alas negras, más de cuervo que de ángel,
uno que no tiene adonde ir y se escondió aquí,
porque es barato, porque hay un río y porque él me
hizo.
Y pensó que nunca lo buscaría en este poema.

Esa fotografía de Apollinaire con una venda en la cabeza

«Siento una aguda herida renovada».
APOLLINAIRE

Es la primavera del 17,
en la fotografía se le ve desafiante,
¿no les parece?
A la izquierda se ve el cabecero de una cama,
¿se llama así, cabecero?
Es una cama de hierro, blanca, de hospital.
Él va de uniforme, en el cuello de su chaqueta
hay una cifra: 96,
¿su regimiento?, ¿batallón?
Una esquirla de metralla le ha herido en la sien.
Nosotros sabemos que morirá un año más tarde,
antes de que la herida cicatrice del todo,
qué cosa el tiempo, ¿no?
Ahora estoy aquí sentado concluyendo un poema
no sobre Guillaume Apollinaire, sino
sobre una fotografía de Guillaume Apollinaire,
donde lo importante no es el poema
¿no es cierto?
sino que nos hemos sentado juntos
a mirar una fotografía de Guillaume Apollinaire.

Comentarios en voz baja hechos en el entierro de Alfonso Costafreda

«He de callar, pero yo diera
mi vida».
COSTAFREDA

Le impresionó mucho la muerte de Gabriel.
¿Cuando uno se mata en Suiza es un suizidio?
¿Y Jaime, tendrá remordimientos?
La pobre Julia, si es que se casaron en enero…
¿Oiga, pero éste qué entierro es?
Parece que dejó escrito que echen sus cenizas al mar.
Pues ya se encargará Carlos, que tiene un barquito.
A José Ángel se le ve muy afectado.
Pues yo no sabía que era poeta.
Parece que deja inédito un libro sobre suicidas.
Vaya usted a saber si un día sale él en un poema.
Métase bajo el paraguas, que empieza a llover de nuevo.

René Rilke se cambia el nombre en un poema que abusa de comparaciones

«¿En qué instrumento nos tensaron?».
RILKE, ya RAINER

¿No eres tú el hijo de esa pretenciosa judía
que espera durante horas en las antesalas de los
palacetes?
¿No te daba vergüenza andar por ahí vestido de niña?
¿No es tu padre Josef, el ferroviario tísico
que recorre las vías doblado sobre su tristeza?
¿No es cierto que comías solo en Sankt Pölten?
¿No crees que aquellos versos primeros imitaban a
Heine?

Y entonces se convierte en usted y cambia de nombre,
como un niño que se tapa los ojos para que desaparezca
el monstruo.
Pero se cambia de nombre sólo a medias;
en vez de Johann, o Friedrich, o Abraham,
ahora se llama usted Rainer, como quien
huye de una casa ardiendo con un abrigo en llamas.
Como quien odia a su madre por convertirlo en muñeca
y se pinta los labios para besar a su amante.
Como quien abomina de su padre ferroviario y triste
y mira dar vueltas a un tren de juguete.
Como quien sueña con aquella escuela y su
«abecedario de horrores»
y se inventa a un poeta en sus aulas de pesadilla.
Como quien lee a Heine encerrado en el baño.
Puede usted llamarse como guste; o Wilhelm

o Lázaro o Franz X. Kappus,
puede usted hasta dejar de estar,
pero no puede dejar de ser un poeta con todas sus erres.
Como quien odia al cartero y espera una carta.

Los criados

Niño dile a la señora el poema aquél de la princesa
en lo que le termino yo la ropa.
Niño dime el poema de las cebollas
en lo que friego yo este suelo.
Niño recita la canción ésa del pirata
para que te oigan estos niños tan guapos.
Para que me dejen traerte otro día,
y que no te quedes solo en casa,
diciendo poemas de muertos
cuando no te escucha nadie.

El hijo del ferretero en el manicomio de Cracovia

«Vacila por la silenciosa floresta la sombra de la hermana».
TRAKL

A veces ayuda a padre en la tienda.
Padre vende tuercas, tornillos, herramientas de todo
tipo,
todo lo necesario para montar instrumentos de hierro,
de acero, tuberías de plomo, plomo;
Trakl y Grodek son palabras de hierro, o de plomo.
En un mundo de máquinas su padre sería Tobías el
carnicero.
Esta mañana ha besado en los labios a Gretl;
¿es ella la hermana del poema, es aquélla su sombra?
Al hijo del ferretero se le cae una caja de pernos,
ruedan por el suelo, no puede recogerlos todos,
padre le grita, no tiene manos para todos, no puede
atenderlos a todos, resbala en los charcos de sangre,
la sangre que ha derramado el plomo, en un mundo
de máquinas él es George, el hijo del carnicero.

Vista de Sarajevo desde la poesía en ruinas

«Trajes vacíos se deslizan por la ciudad».
KARADŽIĆ

«Sostendría a otra persona en mis pensamientos
Sólo por un ratito… y después lo soltaría».
LIMÓNOV

Dos poetas miran desde lo alto la ciudad en ruinas.
Esa no es necesariamente una buena noticia para la ciudad.
Sería mejor noticia dos arquitectos
miran desde lo alto la ciudad en ruinas, o
dos cristaleros miran desde lo alto…
Pero no, la ciudad está siendo observada por dos poetas:
«Este es un gran escritor ruso», anuncia Karadžić a los suyos
mientras Limónov acaricia un mortero como si fuera un perro,
una de esas caricias que se dan al perro del dueño de la casa,
o al mortero del dueño de la colina.
Desde la ciudad en ruinas no se ve a los poetas allá arriba,
porque, a diferencia de estos, los habitantes de la ciudad
no tienen prismáticos ni fusiles con miras telescópicas.
Quizás, casi seguro, hay poetas también dentro de la ciudad,
pero para Radovan Karadžić son, ellos también,
trajes vacíos que se deslizan

y en cuanto a Eduard Limónov, bueno, recuerden,
era el que acariciaba las fauces del mortero.
Puede haber buenos poemas donde los asesinos
miran una ciudad en ruinas con fusiles de miras
 telescópicas,
estupendos poemas que celebran que una biblioteca
 arda
quemando las páginas de excelentes libros de poesía.
También hay buenas personas viviendo en poemas
 deleznables.
El poeta puede ser un tipo con un fusil en las manos
y una ciudad devastada en el objetivo de su mira
 telescópica.
Y la poesía puede ser el blanco.

El niño Marcel Proust sufre un ataque de asma

«En mi cabeza tuve un achacoso pájaro extraño».
Él, de mayor

Illiers, el bosque de Boulogne, las flores,
todo eso tiene que acabarse; a veces un niño
ha de elegir entre la primavera y la vida,
para que un hombre elija, un día,
entre la vida y la memoria.

Palabras de Iósif Stalin al ser informado de la muerte de Osip Mandelshtam, ocurrida en un campo de tránsito cerca de Vladivostok

«En el corazón del siglo soy un ser confuso».
MANDELSHTAM

¿Es tan bueno ese poeta que merece ser salvado?
Cuando pregunté a Pasternak por él, fue el propio Borís,
quien firmó, sin saberlo, su sentencia de muerte.
Yo me tomo la poesía muy en serio.
Si me hubiera contestado que era un poeta mediocre,
entonces hubiera bastado con unas sesiones en la
Lubianka,
pero no era cualquier poeta Osip Mandelshtam,
y como yo me tomo muy en serio la poesía
me dije yo no, el frío y la soledad harán el trabajo.
¿Cómo de grande es la poesía de Osip Mandelshtam?
Entre más grande es su poesía más lejos debe estar,
y aquí disponemos de toda la lejanía del mundo.
Yo no firmaré la sentencia de muerte de Osip
Mandelshtam,
debajo del nombre de un poeta así no verán el nombre
de un pobre «montañés de los Urales», no,
yo me tomo la poesía muy en serio y sabía
que para acabar con un poeta como ese
iba a hacer falta el invierno, todo el invierno.

Louis-Ferdinand en la batalla de Ypres

«Ocurre al otro lado de la vida».
CÉLINE

Estos son mis soldaditos de plástico.
El del caballo negro se llama Louis-Ferdinand;
yo siempre lo pongo delante porque es muy valiente.
Louis-Ferdinand quiere ser médico, y escritor,
pero yo no se lo digo porque he de ganar la guerra.
Yo le echo mucha imaginación, dice mamá;
aquellas cajas de cartón de allí son la ciudad de Ypres,
el humo del cigarro de ella, de mamá, es el gas venenoso.
Y ahí va mi Louis-Ferdinand, yo lo digo así, en francés,
porque la guerra es en mi casa y esta es la guerra
que más me gusta porque valen los caballos,
y también las ametralladoras, y hasta los cigarros de
mi madre.
Será mi *petit soldat* Luis Fernando, el que dirá un día,
él aún no lo sabe, que *todo es imaginación* y que
basta con cerrar los ojos. Pues yo los cierro ahora,
justo cuando lo derriban del caballo
y le van a pitar los oídos para siempre.
Tampoco esto lo sabe pero un día será un traidor;
yo no voy a decir nada, porque los otros muñequitos
le quieren poner una medalla y total, ya no me importa,
porque mamá, de tanto gas tóxico,
se va a morir en la Gran Guerra y qué más da,
si todo ocurre al otro lado de la muerte.

Veterano hincha de Ferencváros y niño húngaro sin tren eléctrico

«¿Acaso no soy digno de jugar otro poco?».
EL NIÑO HÚNGARO, POCO ANTES
DE TIRARSE BAJO UN TREN DE VERDAD.

El niño de los József nunca tuvo un tren de juguete,
yo lo sé porque viví puerta con puerta con ellos,
en Ferencváros, creo que fue hacia el año trece.
Allí no había para esas cosas. Yo no me fui nunca.
Aún conservo mi zamarra con rayas blancas y verdes,
la del sesenta y cinco, cuando la Copa de Ferias.
Y quién le iba a regalar un tren de juguete al pequeño
Attila,
seguro que no lo pondría jamás a funcionar;
el muñequito que debería hacer de maquinista estaría
en huelga,
o jamás llegaría carbón para las calderas
porque más allá de la alfombra estalló la Revolución.
Attila József, el crío del cuarto, como si lo estuviera
viendo,
de Ferencváros, ¡*Hajrá Fradi*! ¡Aúpa Ferencváros!
En el treinta y siete se tiró a las vías.
También dicen que era un gran poeta, y bueno,
no lo sé, si ellos lo dicen… Pero sí sé
que si un niño de Ferencváros quiere un tren,
tarde o temprano tendrá un tren.

Los poetas románticos arden mal

«cuando las dulces violetas enferman».
SHELLEY

Hoy los hubieran detenido por hacer fuego en una playa,
porque eran muchachos haciendo fuego en una playa.
Hoy hubiéramos leído en el periódico:
«Macabro ritual con un cadáver en la playa»,
«Alguien arrancó el corazón del cuerpo medio calcinado».
Y mamá diría a la hora del almuerzo «Jesús,
esta juventud está cada día peor».
Percy Shelley sería hoy una noticia macabra a la hora
de comer,
qué cosa… el romántico Shelley
en los labios aceitosos de mi madre.

Julia en la morgue del hospital Harlem de Nueva York

la tristeza sin fin de ser poeta
de Burgos

Aquí nadie sabe que te llamas Julia de Burgos,
eres otra portorriqueña borracha muerta de frío;
aquí en la muerte te llamas como las otras: Jane Doe.
Sólo este mes han enterrado a una docena de Janes Does
y tú no eres ni siquiera la más fría, ni la más borracha.
En la morgue del Harlem tú no eres Julia, la poeta,
eres Jane Doe, J. D., como Julia de, pero no.
Cuando el borracho muerto de frío es un hombre
aquí lo llamamos John Doe, ¿tienes tú un John Doe
esperándote en la muerte?
En Baltimore a los borrachos muertos de frío los llaman
Poe.
Tenemos sentido del humor aquí en la morgue.
De todas las Janes Does de este mes sólo tú
sabes griego, latín y francés y sólo tú escribes versos.
Tú eres la mejor poeta entre todas estas borrachas frías.

Ezra y su amigo invisible en los jardines de Schloss Brunnenburg

«Ya tengo edad para hacer amigos».
POUND

Y entonces los partisanos lo apresaron en Chiavari;
algunos querían fusilarlo allí mismo, y lo que es peor,
algunos querían colgarlo allí mismo.
Pero el amigo invisible de Ezra susurró en sus oídos,
los de aquellos campesinos, estudiantes, carpinteros:
«No ven que es sólo un viejo que parece un profeta,
da mala suerte matar a un viejo, y no digamos a un
profeta».
Rozaron los largos cabellos y barbas de Ezra Pound
como quien tienta una pata de conejo
antes de disparar un fusil y decidieron
que un viejo, al igual que un profeta, «carecía de interés».
Luego fue que sus compatriotas lo llevaron a
Washington;
algunos querían fusilarlo allí mismo, y lo que es peor,
algunos querían electrocutarlo allí mismo.
Pero el amigo invisible de Ezra susurró en sus oídos,
los de aquellos senadores, congresistas, jueces:
«No ven que es sólo un loco que parece un ángel,
no nos conviene matar a un ángel, y no digamos a un
loco».
Rozaron los largos cabellos y las barbas de Ezra Pound,
como quien tienta la estampita de un Cristo
antes de invertir en la Bolsa y decidieron
que un ángel, al igual que un loco, «no estaba en sus
cabales».

Ahora Ezra cultiva rosas y lee a Confucio
y alza el brazo recordando al Duce
mientras Dorothy prepara limonada
y su viejo, invisible amigo, miente, una vez más, a la
muerte:
«No ves que es sólo una piedra que parece un poeta».

Eugenio Montejo cumple, y no, ochenta años

Sé que no faltará a mi aniversario,
lo he invitado a mi fiesta.
El cumpleañero.
Su ochenta cumpleaños tiene lugar en un poema;
lleva muchos años celebrándose, desde que supo
que jamás cumpliría ochenta años.
Ese poema lo escribió Montejo cuando creyó
atravesar el ecuador de su vida, a la edad
en que nos ponemos tontos con las simetrías
y como todo poeta cuyo apellido es un peyorativo
aprendió a viajar en el tiempo.
Ahora yo estoy en su cumpleaños,
mirando flotar los globos con cara de tonto
como ese niño al que te ha obligado a invitar tu madre.
Esperando que Eugenio sople las velas
y todo fuego ceda bajo su aliento muerto.

Las dos semanas que Luis Feria no estuvo ni vivo ni muerto

«Fui plural una vez».
FERIA

En esas dos semanas pasaron muchas cosas en el mundo
pero nada le pasó a Luis Feria aunque le pasaron cosas.
Estaba muerto, pero en realidad no estaba muerto.
La gente decía Luis esto o Luis lo otro, contaba con él,
o lo postergaba, pero a la manera en que se posterga
a un vivo.
Los lectores de poemas lo leyeron como se lee a los vivos,
que es diferente al modo en que se lee a los muertos
y la vendedora de dulces lo extrañaba como se extraña a
un cliente, que no es la misma manera de extrañar a
un muerto.
Luego alguien se preguntó dónde se metió el poeta
y ahí estaba vivo pero tampoco estaba vivo.
Quizás lo llamaron por teléfono y ante ese silencio se
dijeron
Luis está sordo, Luis está huraño, Luis está fuera,
cosas de vivos, que son también cosas de muertos.
Lo último es subir las escaleras, pegar el oído a la
puerta,
ahí todavía el muerto vive; tal vez se esconde, tal vez
se ha caído,
cosas de muertos, que son también cosas de vivos.
Pero huele muy raro, a teléfonos mustios y pasteles
de cera,
y se escuchan unas uñas que arañan la sombra,
como de poema hambriento que se come al poeta.

Un hombre que conoció a un hombre que conoció a Paula Sinos

«La realidad ahora me conoce».
PAULA SINOS

Aquí abajo, cuando decimos el norte,
una bruma musgosa y un verde espeso
se nos demora en la boca.
Una poeta del norte, decían,
y parecía que con eso debiera bastar,
que, con eso, poeta y norte,
alcanza para engañar al sueño aquí abajo.
Una poeta del norte que era loca,
añadió alguien relamiéndose la memoria
y luego alguien más, mirando fotos viejas,
arrojó más carbón a la caldera del poema;
una poeta del norte que era loca
y se hizo la perra en las vías del tren,
pero un tren del norte, de sueño,
un tren verde sobre raíles con musgo.
Entonces yo me relamí también, me dije
hay, hay poema; eché arena a las calderas,
porque no hay nada más para alimentar al fuego,
jugué con un tren eléctrico y una muñeca
y salí pitando hacia arriba, hacia la muerte,
porque aquí abajo creemos que el norte es arriba
y que hay que escalar un muro para ver la bruma.
Esto lo va anunciando por los andenes
un hombre que conoció a un hombre
que conoció a un hombre que conoció

a Paula Sinos, una poeta del norte que era loca
y que, así, a cuatro patas en las vías,
es un bulto, es un sueño, es un perro
y cuando se transforma en mujer
se ve en sus ojos que aún es pronto,
pronto para todo,
menos para frenar a tiempo.

Un poema lleno de gorriones cuando el gran timonel decide que sobran los gorriones

«Los gorriones son una de las peores plagas,
son enemigos de la revolución».
Mao

«Ya dio al aire a los muertos
este gorrión que pudo
volar pero aquí sigue».
Rodríguez

Fue durante el «Gran salto adelante»,
en la «Campaña de las cuatro plagas».
Mao Zedong escribía poemas al estilo tradicional chino;
he buscado algún gorrión entre sus versos,
hay grullas, águilas, ocas, gallos, pero ni un gorrión.
Antes de mandar eliminar a todos los gorriones, Mao Zedong
sembró sus poemas tradicionales de veneno para gorriones.
Supongo que todo gran timonel necesita una tormenta.
Los gorriones comían demasiado sorgo,
había que exterminarlos, hacer sonar las cacerolas
para que no hallaran reposo en la China de Mao
y se precipitaran del cielo como cazas japoneses.
Supongo que todo gorrión detesta la tormenta.
Los gorriones sobrevivientes se refugiaron
en los jardines de las embajadas
y, sobre todo, en los poemas de los poetas
que no eran Mao Zedong.

Supongo que todo poeta andaba necesitando un gorrión
por esos años del revolucionario siglo XX.
El último de ellos, de los gorriones,
voló hasta aquel poema de Claudio Rodríguez,
y ahí sigue, mientras los hombres siguen saltando,
casi siempre hacia atrás, viejo Mao Zedong,
ahí sigue acumulando en el plumón bajo su pico
todo el polvo del mundo.

Ritmo y memoria

En la biblioteca de mi casa,
unas baldas de contrachapado
sobre el inmortal televisor en blanco y negro,
un montón de novelas de Marcial Lafuente Estefanía
que no me permitían leer, Marcial Lafuente Estefanía,
repetía yo tras cada título, Marcial Lafuente Estefanía
y una guía telefónica, aunque en casa no había teléfono,
de la que yo copiaba en mi libreta
los apellidos más raros y sus inaccesibles números.
Ahí estaba el comienzo de todos los poemas:
ritmo y memoria.

Fotografía de niño chino con tirachinas

«El hombre debe derrotar a la naturaleza».
QUIÉN SINO MAO

El joven pionero apunta su arma;
todo es heroico y noble en su expresión.
Se palpa la tensión de la piedra en el disparadero,
nos compadecemos del parásito gorrión posado
al otro lado de su destreza.
El ojo izquierdo se cierra para afinar el blanco,
eso lo hemos hecho todos al disparar una piedra.
Lleva una cuerda en bandolera para sus trofeos;
cuatro pájaros ensartados o enhebrados
como en un ábaco para inventariar la muerte,
eso lo hemos hecho todos al atesorar cadáveres.
Pero una fotografía se parece a un poema;
ambos son un instante, hablan también
de lo que no hablan y detienen el tiempo
como una pierna que ha sido amputada, pero aún duele.
Y tal vez el joven pionero en el último momento
destensa el arma, abre el ojo izquierdo,
mira volar al pájaro,
eso lo hemos hecho todos los sicarios
al sentir compasión alguna vez.

El señor Zheng en el campo de trabajo

Siempre fue un niño débil Zuoxin Zheng,
un huérfano más bien solitario
que recorría las montañas de Fujian
amparado por el canto de pájaros humildes.
Así que, años después, cuando fue preguntado al
respecto,
el señor Zheng dudó, el señor Zheng sintió
que testificar contra sus viejos amigos los gorriones
sería un acto imperdonable de traición, no sólo
hacia los pájaros, sino hacia un niño enfermizo
que escucha a los pájaros.
Ahora, aquí, tendría que terminar la verdad y
comenzar el poema;
poetas y ornitólogos en realidad en algo se parecen:
ambos esperan una sombra asustadiza,
un trino fugaz que puede que nunca
se pose justo en la rama que observan.

El peso de Bespín sobre la espalda

(Sacrílega variación generacional sobre un tema de Félix Grande)

> «Entonces te admiraba, oh capitán del mar».
> GRANDE, FÉLIX

Cuando ellos, los caballeros de casta estirpe,
oteando la galaxia con su rancia suficiencia
apostrofaban tu frivolidad,
yo te sabía creándote,
haciéndote, también tú,
lenguaje, y mito y permanencia,
poniendo rostros a la insurrección.

Entonces te admiraba, oh capitán del espacio.

Ahora te veo en otro epígono mundo,
mirando el planeta, la princesa y el díscolo hijo
que creen esperarte pero sólo te aman
y a quienes te apresuras a suponer que necesitas.
Miro tu vuelo tardo que, también, incuba a la vejez,
tus cansinas historias de contrabandistas,
tu ocioso tiempo, tu desgaste, tu fin.

Y al igual que Leia, los cazadores de recompensas y
La Fuerza
te compadezco lentamente, Han Solo.

Abuela pelando cebollas

«Él, triste de cebolla.
Tú, satisfecho».
HERNÁNDEZ

Ella me pedía a veces, niño, dime
el poema ese de las cebollas
y siempre, cuando yo concluía
(No sepas lo que pasa / ni lo que ocurre)
se frotaba los ojos ¡Jesús, cuánto
debió de pasar este hombre, pobrecillo!
Movía la cabeza entonces, como para sacudirse
de dentro al hijo hambriento de un poeta
y se acordaba de sus propios hijos muertos
y de que tenía que pelar cebollas.
Luego caía en la cuenta de que ella también
estaba muerta y lloraba, y aunque decía que era
por pelar tantas cebollas, yo sabía que lloraba
por sus hijos, y por el hijo de un poeta,
porque eso también es la poesía:
sembrar lágrimas para que broten cebollas.
Abuela me apremiaba hijo, termínate el llanto,
y se adentraba en las sombras frotándose los ojos
mientras yo, al pedido de una muerta,
decía un poema de memoria.

Puede que éste sea el único poema del mundo que sucede en una embajada

«Ni un solo gorrión cae a tierra
sin el conocimiento de su Padre».
MATEO 10-29

Pero, por si acaso; puede que éste sea el único poema
en el mundo que sucede en la embajada polaca en
Beijing,
aunque eso no lo convierte en buena literatura.
Dentro de él, del poema, pero fuera de la embajada,
una multitud aporrea cacerolas y tambores,
pero ni el señor embajador ni yo
podemos permitirles el paso a la legación, a la poesía.
Los gorriones son un problema diplomático
y también son un dilema poético;
sueñan anidar en el santuario de Jasna Góra
al amparo de la Virgen Negra de Czestochowa,
y creen también, pobrecillos, que algo
puede sobrevivir indemne en un poema.
Hasta que caen agotados desde el cielo,
golpeando sus cabecitas contra estos versos.
Ni un solo gorrión cae sin el conocimiento del Padre,
pero todo poema se desploma sin el permiso de Dios.

El comercio en la Europa de 1916

«y aquellas tardes que no mueren nunca».
FERRATER

Un soldado inglés en el frente del Somme va a morir hoy
en una carga suicida contra las trincheras alemanas.
Jamás ha leído versos y jamás leerá un poema
de Gabriel Ferrater, que nacerá cinco años después
de este día.
Unos minutos antes de esa carga y de esa matanza,
el soldado inglés bebe de una botella de vino robada al
enemigo;
jamás había bebido antes vino y jamás volverá a hacerlo.
Es un estupendo vino del Priorato, ese del que un
soldado
da grandes sorbos riendo su última risa entre el barro
y aunque nunca, es imposible, leerá un poema de Gabriel
Ferrater,
ahí, en la etiqueta, dice FERRATER EXPORTADORES, REUS,
y él, el soldado, alza la botella vacía y lee,
haciendo chirriar las erres, lo último que leerá en su
vida,
el nombre de un poeta que no ha nacido,
que lo acompaña, en sus venas, hasta la muerte.

Poesía completa de

«y tornaron de algún entierro humilde».
VALLEJO

Yo, a estos tipos, los poetas,
los alumbro de nalgas,
les acerco una velita encendida a la boca
el día de su cumpleaños y les digo
traguen de vuelta, niños, todos los deseos.
Me los leo de atrás hacia delante a los poetas
y cuando nos cruzamos en la mitad de la vida
nos saludamos tímidos alzando las manos
como dos viejos desconocidos.
Yo, que vengo de sus poemas póstumos,
de sus descontentos invernales,
y ellos, que aún no conocen el final
y viajan con una sonrisa suficiente
en el vagón con litera de la existencia.
Cuando llego a sus primeras tentativas
ellos ya han arribado al presente,
y no saben quién ha subrayado ese verso,
a quién pertenece esa fea mancha de café,
ahí, en la última página de su poesía completa.

Desde el presenta llamo por teléfono al Hotel Du Maine, en el bulevar del mismo nombre, es París, 1936

Alguien contesta en francés al otro lado
y como el poema lo escribo yo
en mi poema sé hablar francés,
y de paso tengo más pelo y no uso gafas
y el tiempo me lo salto y me lo doblo.
Pregunto por un hombre, sí, con uve y con jota,
pero el tipo me responde de mala gana
que ese ya no se queda aquí,
que dejó varias semanas sin pagar
y una almohada destruida por la tisis.
Como en mis poemas tiro el dinero
le pagaré los francos que me pide,
siempre que me haga llegar esa almohada.
El hotel está al otro lado del tiempo,
al otro lado del mundo,
al otro lado del río, bueno,
los dos lados del río están al otro lado,
busco a un poeta que vivió de lado.
Y antes de colgar el teléfono le digo,
en mi sarcástico francés de los poemas,
sepa usted, señor, que ahí, en París,
pero aquí, en el futuro,
al otro lado de la verdad y de la muerte,
siempre se llueve al gusto de Vallejo.

Pequeño azul en el zoológico de Beijing
Circa 1962

> «Porque después de esta vida
> no hay otra oportunidad».
> SIMÓN DÍAZ (Caballo viejo)

> «El caballo viejo conoce el camino».
> PROVERBIO CHINO

Un hombre no puede, pero un caballo tal vez
ventea el tufo dulzón de la muerte,
como el perro, que presiente y aúlla a esa sombra
que suspira a oscuras ante una casa de muñecas.
Durante la Larga Marcha desfallecen los hombres
y quedan bajo el polvo amarillo del tiempo.
Incluso rodeado de muerte quizás olisquea
el caballo el delgado aroma de una muerte concreta
y fue por eso que Pequeño Azul dudó, relinchó terco
y se detuvo al abrigo de aquel desfiladero.
Cuántas veces habrá estado la historia colgando
de los cascos y los ollares de un caballo.
Fustigo a mi caballo veloz, sin desmontar jamás,
escribió Mao, el poeta, recordando aquellos días terribles.
Ahora Pequeño Azul es un héroe de la patria
y los héroes son lavados y lustrados cada día.
Come el forraje arrebatado a los gorriones
y pasa sus horas en un recinto especial del zoo de Beijing,
olisqueando, porque un hombre no, pero un caballo
sí puede,
ese tufo dulzón que desprende el taxidermista
que, a cierta distancia, lo calibra, lo mide.

La poesía le tiende una trampa a Carlos Ignacio Díaz Loyola

«en donde un gran poeta se suicida».
Él

Yo, señores, me llamaba Carlos
cuando recorría la cordillera con mi padre
y las hijas de los estancieros me enseñaban las rodillas.
A veces también me llamaba Job, o Piedra,
y amé a una mujer que a su vez me pedía
llámame Marcel, o Montenegro, o Federico Larrañaga,
y así escondidos en los nombres engañaremos a la
muerte.
Yo a veces me llamaba Ariel, o Satanás;
escuché que la poesía, asomada a la ventana
entre la ropa tendida, llamaba a gritos a su hijo
y yo que me llamo Todos subí de dos en dos los
escalones
para descubrir que otro niño agarraba mi cuchara,
que otro Pablo se trasegaba la poesía.
Hoy no me llamo más Pablo de Rokha,
hoy me llamo Juan, el carpintero,
y tengo un revólver en la mano
y unas gafas para esconderme de la muerte,
que viene de la cordillera, buscando a Carlos.

Los gorriones secretos de Jrushchov

Fue cuando llegaron las langostas que cayeron en la
cuenta.
¿Dónde están los gorriones cuando se les necesita?
¿Ven como son contrarrevolucionarios?
Hubo que mendigar gorriones al vecino;
200.000 pájaros soviéticos para los cielos de la patria.
¿Cantarán en ruso en los crepúsculos del Yangtsé
y añorarán la escarcha siberiana que amanecía en sus
alas?
¿Nadie pensó que eran gorriones revisionistas?
Ah, pero ese es otro poema, otra excusa, otro delirio.

El negocio de la chatarra

Estoy en el negocio de la chatarra.
Poseo un camión viejo y un olfato de cerdo metálico
con el que venteo una brizna de plata
entre el clamor chirriante de la quincalla.
Los nuevos poetas conducen mudos coches eléctricos,
cuando me adelantan en la carretera
aprietan el acelerador con la sonrisa
y me digo admirado ahí va un poeta de hoy.
Conducen dictando poemas a sus dispositivos,
poemas sobre la pureza del horizonte, luego,
en casa, se masturban con la voz de sus navegadores.
Yo soy el hojalatero, rebaño el óxido de las palabras,
soy una hiena con una prótesis en la risa,
escarbo en los vertederos a por los caparazones
de las máquinas que emponzoñaban el aire,
abrevo en las charcas de metal pesado
y me la casco mirando el viejo póster del *Playboy*
que cuelga de la pared de un taller mugroso;
miss octubre del ochenta y seis,
ese año nacieron muchos poetas,
algunos de ellos se ríen de medio lado
cuando me adelantan en la carretera.

A los hermosos pies de Herodías el tiempo asesina a Stéphane Mallarmé

«Si la belleza no fuera la muerte…».
MALLARMÉ

Al igual que el tiempo nunca acaba de construir
una mujer hermosa, pues se demora en sus párpados
esperando la luz de una estrella que no se ha muerto,
trazando el sucesivo palimpsesto de sus caprichos,
tampoco puede acabarse nunca el poema
que habla de una mujer hermosa.
Un lejano día esa mujer conspira
para cercenar la cabeza de un profeta:
una muchacha, no menos hermosa, ha de danzar,
un rey consentirá al dictado de esa belleza de dos filos,
la hoja de metal cercenará la cabeza del profeta.
Todo eso que ya sucedió aún no puede suceder
mientras Stéphane no acabe el poema donde
una hermosa mujer echa a danzar la muerte,
un rey se deleita con sus dos hermosas,
una cabeza mira de frente a su profeta.
Pero el tiempo, que es como una cuerda de violín herido,
como la red de una araña en la tormenta,
quiere seguir sucediendo, no entiende de poemas,
el tiempo quiere su danza, su cabeza cortada,
y entiende poeta donde decía profeta;
el tiempo se parece a Stéphane, no quiere palabras,
persigue tan sólo la pura y sublime sensación.
El tiempo tiene los tímpanos de polvo
y golpea con su filo el cuello equivocado

y la cabeza de Stéphane cae a los pies de Herodías
como caen los imperios ante la danza del tiempo,
como caen las reinas ante los poemas hermosos.

Todos los ciclones deberían llamarse como abuela

«tan olvidada ya del primer nombre».
QUEVEDO

Está bien que se dé nombre a los ciclones,
uno sabe así quién le voló la vaca, la casa, la abuela.
Si el ciclón se llama como el hijo del vecino
eso confirmará que era él quien envenenaba a los gatos.
Está bien que se dé nombre a las vacas,
así uno sabe cómo llamarlas en medio de un ciclón,
si el ciclón se llama como una vaca
no puedo evitar decirlo, será un ciclón de la leche.
Pero los ciclones deberían llamarse como abuela,
así ella vería su nombre en los periódicos
y todos repetirían ese nombre por la calle
y descubrirían que era ella y no el hijo del vecino
quien envenenaba a los gatos,
porque olvidó que aquello no es comida para gatos.
Todos los ciclones deberían llamarse como abuela,
que toda esa voracidad tenga la medida de esas letras,
para que sea su nombre lo último que ella olvide
y, sobre todo, para que vea su nombre en las noticias,
a todas horas, escrito sobre las imágenes de las
ciudades devastadas
y los océanos invertidos, y los repartos de comida,
ahí, en ese sillón del que nunca se levanta
desde que le sopla el ciclón del olvido en la cabeza.

León Felipe acude en un cine de Ciudad de México al estreno de Veracruz

«La Mancha es en ti mujer
y en mi corazón el dardo».
LEÓN FELIPE A SARA MONTIEL

La hermosa mujer de la pantalla no se llama Nina,
él sabe que tampoco se llama Sara, sino María Antonia.
El aventurero al que ella llama Ben
no se llama Gary, sino Frank
y aquello no es exactamente Veracruz.
Pero hay dos cosas ciertas esa tarde:
Una, que él ha ido solo al cine, otra,
que ese beso no es entre Ben y Nina,
ni siquiera es un beso entre Gary y Sara;
es un beso entre Frank y María Antonia
y duele como perder una guerra.
Al acabar la película la noche ha refrescado
y, aunque su verdadero nombre no es León Felipe,
afuera el exilio sigue siendo el exilio
y él tiene la amarga sensación de que,
al final, en ese *western*,
sólo el poeta resulta herido.

Mamá ya no me deja jugar con poetas muertos

Es desconfiada mamá,
pero porque me quiere mucho
es que no me deja juntar con ellos.
Dice que tienen mal color y yo le digo
cómo no va a ser, mamá, si es que están muertos.
Ella me dice que por qué no salgo a jugar
con alguno que no sea poeta y si lo es
por lo menos que esté vivo.
Yo le contestó que
para que un poeta esté vivo
tiene, a veces, que morirse antes
y que, siempre, un poeta vivo
está hecho de muchos poetas muertos,
pero que si ella no quiere, pues ya,
que más nunca juego con poetas.

Poe

Estoy temiendo que abuela
conozca al poeta.
Eso, claro, habría de suceder,
vista la suerte de ambos,
en algún albergue,
en el infinito comedor de caridad
que tal vez sea el cielo.
Ella le zurciría los desgastados codos
de la chaqueta y le daría un beso en la frente.
Y quizás, tosiendo, le diría
el tonto de mi nieto quiere ser poeta,
como tú. Luego, por la noche,
ella vendrá a mi sueño dentro de su sueño
y yo le diré abuela, no importunes
a ese muerto tan grande con minucias
y ella, como siempre, dirá
calla tonto,
que los pobres hemos de ayudarnos
entre nosotros.

Tirar una metáfora por el retrete

Ahora el poema es una cría de cocodrilo
y aún puedo tenerlo así, inofensivo, en mi mano.
Cree que soy su madre el cocoema, el poedrilo,
no sabe que unos saurios descomunales
urdieron su perfecta anatomía de torpedo sangriento
en un pantano hasta donde el aire era un predador.
Pero crece rápido y ya se le borra mi ternura,
sus dientes son ahora agujas perentorias,
ya no se conforma comiendo moscas azules;
se le está quedando pequeño el mar de la palangana,
ya no se trepa a la palmerita de plástico.
Sin medir las consecuencias de mi acto,
que es lo que se dice ante estas cabronadas,
yo cierro los ojos y lo tiro por el retrete.

El ángel de Ravensbrück

Milena Jesenská se paseaba por la Praga de 1939
con una estrella amarilla en el pecho;
pero, ríanse ustedes, era tan tonta que no sabía
que así sólo se podían pasear los judíos.
Era tan coqueta, tan frívola Milena Jesenská
que vio gente con una bonita estrella amarilla
en el brazo o prendida al pecho y se dijo
esa caprichosa señorita de la aristocracia checa:
Yo también quiero una estrella amarilla,
cómo va a ser que sea sólo para los judíos
el privilegio de lucir un astro en el pecho.
No era este, no obstante, el primer capricho
de Milena Jesenská, una vez se le metió en la cabeza
que las obras de un desconocido llamado Franz Kafka
merecían ser salvadas del olvido, es más,
se le ocurrió amar a un tipo como Franz Kafka;
no tenía arreglo Milena Jesenská, a quién le extraña,
pues, que acabara en Ravensbrück, ella se lo buscó
quién la obligaba a prenderse del pecho una estrella
  amarilla,
quién a salvar del olvido a aquel insecto tan grande.

Julián del Casal fuma un habano

«Ansias de aniquilarme sólo siento».
ÉL

Lo cierto es que se pasó la vida
con un cigarro en la boca, pareciera
que era un mismo cigarro inagotable,
una misma indisoluble voluta de humo.
Fue, eso sí, una corta vida. La muerte,
como una institutriz implacable
o como una madre italiana,
abría la puerta de golpe,
subía sin hacer ruido a la azotea
y allí estaba Julián fumando.
Era cuestión de tiempo
que le escondiera el tabaco,
que le quebrara las cerillas, pero
aún hoy, cuando se llega a la muerte
y todo está oscuro, si uno se fija, allá
al fondo de la nada tiembla la brasa
del cigarro habano de Julián del Casal.

Casi toda la verdad sobre la muerte de Anne Sexton

«Cigarrillos, whiskey y mujeres salvajes».
ELLA

Una mujer como ella no podía presentarse en la muerte
con cualquier cosa, así que se puso el abrigo de pieles,
el que había sido de su madre,
entonces los que saben de esto dijeron
que, de alguna manera, era a su madre
a la que quería matar.
Y aunque ella prefería el *whisky*
para esa ocasión tomó vodka,
que era también lo que bebía mamá,
así que los que saben de esto corroboraron
¿lo ven?, en realidad era a la mamá a quien mataba.
Luego Anne se encerró en su coche, pero en lugar
de encender un cigarrillo encendió el motor
y se murió escondida en el abrigo de mamá,
medio ebria en el sabor de mamá.
Puede que ellos, los que saben de esto, tengan razón
y Anne, en lo más hondo, quiso matar a su madre,
pero, ¿y si cambiásemos una simple palabra por otra?
¿Y si en vez de decir a
decimos con?
¿Si Anne se quiso matar con mamá?
¿Si es por eso que se puso su abrigo
y quiso que su último aliento oliera
a los lejanos besos de ella, de mamá?
Los que saben de esto dirán que eso no es verdad;

yo digo que a la poesía no se debe venir
a la búsqueda de la verdad;
a la poesía se viene en busca de un poema.
Y si hay que beber vodka, pues se bebe.

Garrincha

Si uno pudiera escribir poemas
como él jugaba al fútbol, ser, señoras y señores
el Garrincha de los poetas.
Tener el poema ahí; el portero vencido,
el público en pie, el ojo en la cámara
y en el último momento darle a uno eso, pena,
pena de que todo esto termine,
de apurar el trago de la poesía
como él apuraba en las barras
el irrepetible y torvo trago de la vida.
Y entonces volverse uno atrás,
con sus piernas chuecas,
desandando el regate, el poema,
volver a poner en pie al portero,
al público en su asiento,
al ojo en su impaciencia.

Maqueta por entregas

«... viviendo a mi manera».
URONDO

Estoy coleccionando las piezas del Renault 6;
con el primer número me dan el parachoques,
una rueda y un muñequito que se llama Paco.
Al final, cuando junte todas las piezas,
hay que montar la escena de la persecución,
los policías, los tiros, los rostros espantados
detrás de las ventanas en la calle Tucumán,
las mujeres a bordo del coche, la bebita en el suelo
llorando, quizás, mientras las balas silban. Eso.
Con la última entrega te dan una pastilla de cianuro
dos casquillos y un poema de Paco Urondo,
para que lo leas solemne, muy despacio,
mientras entierras al muñeco en la maceta.

La metáfora que arrojé por el retrete algunos poemas antes sale por la alcantarilla

En medio de la riada humana, en la hora punta,
justo en un paso de cebra,
emerge como una pesadilla de serie B
el cocodrilo metafórico, la metáfora saurio.
Se ha criado en la penumbra,
como todo asesino ha sido antes víctima,
como todo poema ha sido antes balbuceo.
Ambos han de crecer al cuidado de la oscuridad,
comiendo despojos hasta no caber en las sombras,
zampándose a cuanto pocero se adentraba
en el oculto dédalo tubular del bienestar.
Hasta sembrar el desconcierto y el asombro
entre los viandantes como ñus despavoridos
y quedarse luego muy quieto sobre el césped,
con las carniceras mandíbulas abiertas al sol,
ofrecidos los restos a los pajarillos cantores.

Posibles principios para un poema sobre la muerte de José Asunción Silva y ojalá tenga usted buenos pulmones para leerlos de un tirón y no como esta pobre muchacha del poema, que enfermó por salir en la noche a observar un cometa

«al verla vi de la difunta niña
la frente mustia y pálida».

J. A. Silva

Este poema podría empezar con una desconocida
depositando flores en la tumba de un poeta
muerto de un fogonazo en el pecho.
Pero también podría comenzar con un cometa
flotando en el cielo nocturno de una ciudad
y, aunque un poco más cursi, si cabe, un cometa
tampoco sería mal inicio para un poema.
Este poema se podría iniciar, más gravemente,
en el lecho donde agoniza una muchacha
enferma por exponer su pecho a la luz de un cometa.
Aunque puede que sea mejor que este poema principie
en el instante en que el mismo poeta en cuya tumba
una desconocida deposita flores en el futuro
y cuya hermana ha muerto de un fogonazo en el pecho
por tomar en la noche la luz de un cometa
gaste sus últimos centavos en comprar las flores
que deposita en la tumba de una muchacha muerta.

Insensatos lectores de poesía

Los críos le tirábamos piedras
cuando volvía tambaleándose por la mañana
y nuestras madres cerraban de golpe
las puertas a su paso diciendo ¡Jesús, qué vergüenza!
Puede que se llamara Paul Verlaine, o quizás
Luis Cernuda y los hombres le gritaban ¡maricón!
¿O se llamaba Edgar Allan y no tenía un centavo en el bolsillo?
Tal vez se llamaba Virginia y le decíamos loca
y le dejábamos la mierda del perro ante la puerta.
O puede que Juana Inés y le decíamos marimacho.
También me suena que se llamara Baudelaire, no, Porfirio Barba,
y todos le echábamos la culpa los domingos
cuando faltaba dinero del cepillo.
Quizás se llamaba de Aretino o algo así,
y por las fiestas del barrio se apedreaba
a un mamarracho que vestíamos como él.
¿O era Villon y nos reíamos ondeando una soga?
No recuerdo cómo se llamaba
pero si le sirve de algo, esa luz,
esa furia, sí que las reconozco, ahora mismo,
justo ahí, en los ojos de usted.

Elegía para los arios niños Goebbels

Mamá los ha arropado como siempre,
pero esta noche no es como siempre.
Seis lobitos tiene la loba
y por sus sueños bala
el borrego espumoso de la morfina.
Afuera, en el bosque de cascotes que es la ciudad,
Caperucita Roja se bate en los arrabales
(qué cañones tan grandes tienes, Caperucita).
Seis lobitos tiene la loba
y a todos les da cianuro.
Mañana la perra del tío Adolf los buscará para jugar
por entre la subterránea miasma de miedo y de odio,
pero ellos ya estarán lejos, aquí, en este poema,
cuya puerta abro ahora a esos otros niños oscuros
recién duchados en los galpones del infierno,
que los miran curiosos,
que los toman de la mano.

El efecto Mayakovski

«mejor despidámonos ahora».
V. M.

Él está sentado a su mesa en 1930.
Encima de la mesa hay un revólver y una carta.
Yo estoy sentado a la mía en 2021.
Hay un teclado y un poema que se titulará El efecto
Mayakovski,
del que sólo está escrito un verso que dice
Él está sentado a su mesa en 1930.
Si coge el arma y dispara hay poema,
si decide vivir quién sabe, puede que haya un poema,
pero no este poema con dos hombres en sus mesas.
Hay un momento en aquel día del que un futuro pende,
un futuro doméstico y humilde, pero un futuro.
Si él aprieta el gatillo el poema sucederá;
yo te leeré a ti mi poema nuevo,
te contaré lo poco que sé sobre aquel día de 1930,
sobre Vladímir Mayakovski, sobre Osip y Lilí,
te consternarán más esa historia, ese amor, ese revólver
que otro más de mis olvidables poemas,
pero serás tierna conmigo y eso bastará
y yo no tendré que buscar nunca un revólver
(y eso es un alivio porque no sabría dónde buscarlo),
si Vladímir decide volarse hoy la tapa de los sesos,
porque de ese momento de 1930 (¡Pum!)
depende todo.

Martí en Cajobabo o cuando el poeta sobra

«Mi bestia muerta y mi furor domado».
Él

La poesía dispone:
He aquí una guerra, una playa y un caballo.
Urde la tramposa su tablero inevitable adonde arroja
los locos corazones de los héroes
y el corazón insensato de un poeta.
He aquí una espesura, un ángel y una orden.
La poesía dispone y aquél, el poeta, propone:
Va a la guerra,
desembarca en la playa,
monta el caballo.
Muerde incauto el cebo de la poesía
y se adentra en la espesura,
convence o arrastra al ángel,
desobedece una orden.
Entonces la trampa se cierra y José se ha muerto.
La poesía cuelga su cabeza disecada en la pared
y cuenta a las visitas la historia de Ángel de la Guardia,
el soldado, y de Martí, el apóstol,
mientras bebe su licor barato
y brinda, maliciosa, por otro poeta que sobra,
por otro poeta que falta.

Una fábula galesa con bichos

Cuando un niño galés pisa una cucaracha,
extirpa las alas a una mosca,
atrapa una araña en un vaso
y exhala en su interior el humo del cigarro
que fuma a escondidas en la buhardilla
mientras escribe su primer poema
soñando que es Dylan Thomas,
en ese momento, pero hace algunos años,
una cucaracha reventada,
una mosca sin alas
y una araña que tose la libertad de un niño,
acuden al delirio alcohólico de un poeta galés
que soñó llamarse Dylan Thomas.

Mañana hemos de abandonar el planeta

Y sólo van los imprescindibles:
las mejores cirujanas,
los más diestros peluqueros,
los ingenieros en robótica,
los perros que huelen la vida
en los entresijos del terremoto,
por si recalásemos en un mundo movedizo,
los monos que prueban la muerte
en la asepsia de los laboratorios,
por si recalásemos en un mundo venenoso.
Nadie que no se gane su aire.
Sólo aquellos que saben ubicar las estrellas,
calcular la edad de las estrellas,
analizar la composición de las estrellas.
Los poetas no, ellos se quedan,
y no porque sobren en un mundo de redención,
pues será necesario también cantar a las estrellas,
sino porque ninguno de ellos soportaría la sombra
de algo tan grande y tan brillante como una estrella.

Instrucciones para desactivar a un poeta bomba

Tal vez te encuentres a alguno de ellos en el centro
comercial.
Amenazará con leer del libro que lleva adosado al pecho.
Acércate a él despacio, gánate su confianza
diciéndole que conoces muy bien su obra.
Haz que se pierda en el páramo de su ensueño
y entonces:
Si es un poeta elegíaco corta el cable negro.
Si es un poeta social corta el cable rojo.
Si es un poeta ecológico corta el cable verde.
Si es un poeta puro corta el cable blanco.
Si es un poeta marino corta el cable azul.
Si no tienes a mano unas tenazas, huye.
O vuela por los aires.

La asesina es la poesía, en el porche, con el tiempo

Aquí estamos los dos frente al ocaso;
en el estanque pastan las sirenas.
Yo soy muy viejo y ella es una cría.
Hay un retrato suyo posando junto a Homero.
Nos tomamos las manos en el aire que separa
su mecedora de la mía y ese es el estrecho de Mesina.
Yo dejaré caer a un lado mi mano yerta
y ella verterá estricnina en el estanque.
Descolgará el retrato de su amor primero
y de nuevo se irá, rumbo al crepúsculo,
a matar de viejo a otro poeta la muy puta.

El problema

El profesor de matemáticas hace unas anotaciones en
la pizarra.
Tengo once años y no se me dan las matemáticas;
escribo a escondidas unos versos muy cursis
mientras el profesor dice abran los cuadernos y dicta
si un tren sale de Budapest el tres diciembre de 1937
y pasa por la bonita estación de Balatonszárszó,
donde un suicida se arroja a su paso,
y otro tren sale de Madrid el seis de enero de 1993
y pasa por Aravaca, donde otro suicida se lanza a los
raíles,
¿en qué apeadero del tiempo, en qué vía muerta
se cruzarán Attila József y Pedro Casariego?
El profesor me señala y qué casualidad porque,
por una vez, me sé la respuesta, aquí, señor,
aquí se van a encontrar,
en este torpe poema que escribí en el futuro.

Dietrich von Choltitz recibe una llamada de Adolf Hitler sobre París y el fuego

A qué niño no le gusta jugar con fuego.
Allí está el pequeño Dietrich con una cerilla y una araña.
Cuando llega a casa mamá le huele la ropa
y le riñe por jugar con cerillas y le dice
los niños que juegan con fuego se mean en la cama.
Luego el joven Dietrich fue a la guerra,
y ahí sí que le dejaban jugar con fuego,
es más, le exigían jugar con fuego.
Él olía el uniforme de sus soldados
para castigar a aquellos que se habían meado encima.
Ahora, que es hace casi ochenta años, Dietrich
recibe la orden de jugar con fuego, y él,
cuyo pulso no tiembla a la hora de ejecutar,
a la hora de someter, a la hora de torturar,
decide no prender la cerilla,
porque las arañas van a ganar la guerra
y él se lo está haciendo encima
y tiene que volver a casa a tender las sábanas
antes de que llegue mamá.

Un poema de amor aunque no lo parezca

El poeta de moda firmaba libros
en unos grandes almacenes.
Cuando pasé temprano por allí
no habían abierto las puertas,
pero ya había gente en la cola
con un libro en la mano.
¿Será posible que esté tan pronto
en la calle la poesía?
Yo llevaba una nota en el bolsillo:
compra pan, compra perejil.
A la vuelta la gente seguía allí.
En casa, tú orinabas con los ojos cerrados,
te los cubrías ante la luz de la mañana.
La poesía, qué tramposa,
por un momento casi me engaña.

Poesía y verdad

Mi madre ingresa tambaleante en la multitud.
Me ha dado un beso y un billete
que introduce con disimulo en mi bolsillo.
A nadie ha de interesarle la madre de un poeta
así, a secas, si no enloquece, o se emborracha,
si no se pone a vomitar mariposas en medio del poema.
También los lectores de poemas tienen madres
que los besan y les deslizan billetes con disimulo
y no necesitan que un poeta les escriba una madre ajena
que no hace nada poético, ni está loca, ni es borracha,
ni regurgita crisálidas en medio del tráfico.
Pero, precisamente por eso, en estas líneas
que uno se atreve, perdonen, a llamar versos,
déjenme hoy que les deslice a una vieja
como si fuera un billete enrollado, un beso inocente.
Por eso, porque nosotros sabemos
que a nadie más le importa.

Paradoja poética

Los poetas tienen, cada vez,
menos bosques a los que cantar,
pero hoy una ardilla podría cruzar España
saltando de poeta en poeta
sin tocar jamás el suelo.

La máquina del tiempo se ha vuelto loca

(Escolares a Vallejo)

I

Hoy en el cole hemos dado
las montañas y el clima de los Andes.
Y en el recreo un niño que se llamaba César
me robó el bocadillo.

II

El profe ha castigado a César;
le dijo que escribiera
y él sólo sacaba espuma.

III

César dice que a todo
menos al escondite.

IV

Hoy era el día de las mascotas.
César trajo un perro
con una bala dentro.

V

César no vino al cole hoy,
creo que se murió una tía suya
que se llamaba Eternidad.

VI

Ya no invito más a casa a César,
todo el rato preguntando
a qué hora volverán los mayores.

VII

Hoy fue el cumple de César.
Como Dios estaba enfermo
no hubo Religión.

VIII

César siempre llega tarde a clase.
Se tiene que sentar afuera,
a esperar que llegue su corazón,
que viene a pie.

IX

Afuera llovía.
César miraba por la ventana
y la profesora le preguntó qué miras.
Él respondió París.

X

Alguien arrancó un húmero al esqueleto.
Todos sabemos que fue César.

XI

Hubo pelea en el patio.
Me rompieron el labio.
Le pedí a César que me enseñara
esos golpes tan fuertes
de los que siempre habla.

XII

Para que nunca sea lunes
le pedimos a César
que nos deje tocar
las claras orejas de su burro.

Houdini

Así llamaban en casa al padre de mamá.
Yo sólo supe por qué mucho tiempo después
y es que cada vez que hacía un hijo se volatilizaba;
abuela era un enorme tanque de agua quieta
del que escapar en el último segundo.
Houdini volvió un día,
sólo poseía una radio y un cáncer,
pero el viejo teatro volvió a abrirse para él.
Sus hijos vociferaban y comían naranjas en platea
y en el palco abuela lo observaba todo
con unos binoculares que conjuraban su glaucoma.
Lo sumergieron en el tanque de agua, encadenado
y al redoble de un tambor señoras y señores
apareció aquí, en este poema, chorreando,
dejando a una recua de hijos y a una vieja
aplaudiendo la liquidez de la existencia.

Así planchaba que yo la vi

> «Qué extraña manera de estarse muertos».
> VALLEJO

Cuántos pantalones
hubo de planchar aquella mujer
para que sus hijos tuvieran unos pantalones
que le dejaban los viernes
en el cesto de la ropa por planchar.
Pareciera que las arrugas
de los pantalones que planchaba
le trepaban por los brazos
y se alojaban para siempre en su rostro.
La muerte la encontró planchando
en el cuartito de la radio,
rociando con agua tibia pantalones ajenos
como una sacerdotisa bendiciendo
las piernas de un ejército invisible.
Y ahí debe de estar todavía,
nadie ha abierto la puerta desde entonces.
Ella no pudo acompañar a la muerte.
Le quedaba aún mucha ropa por planchar.

Abuela en la eternidad

¿Y si fuera el paraíso una enorme tienda de chinos?
Todo de colores chillones, como a ti te gusta,
y nadie te diría nada por pagar con monedas de cobre,
las que tardas una eternidad en sacar del monedero
donde llevas botones de muerto y dientes de leche.
Un cielo anacrónico para perderse por pasillos infinitos
donde los gatos dorados de la suerte
levanten y abatan al unísono sus zarpas a tu paso,
como húsares grotescos brindando su techumbre de sables
a esa pálida novia que lo lleva todo prestado.

La tienda de juguetes

> «Pulcramente vestido, Zoilo, te ríes de mis prendas raídas».
> MARCIAL

Yo le pedía que me llevara al centro de la ciudad.
Sabía que luego tendríamos que volver caminando
y me quejaría de mis pies y ella me miraría,
más compasiva que severa: ya te lo dije,
ves ahora que oscuro el regreso…
Pero valía la pena plantarse ante el gran escaparate,
mirar adentro los infinitos juguetes refulgiendo
hasta empañar el cristal con la bruma de la avaricia.
Un día me atreví a entrar y aunque no toqué nada
me dijeron, sacudiendo el polvo de las estanterías,
aquí no hay nada para ti, chico.
Luego me planté frente al escaparate de la poesía,
adentro hablaban de *La tierra baldía*,
de la «postposmodernidad»,
del tío Ezra. Había un fulgor que reconocía mi
desconsuelo.
Un día me atreví a entrar y aunque no toqué nada
me dijeron, sacudiendo el polvo del abrigo de Stéphane,
esto no es para ti, muchacho.
Y tú, que ya estabas muerta, me tomaste de la mano
para llevarme a casa, a la sombras, diciéndome,
más compasiva que severa, verás ahora, tonto,
cómo te van a doler los pies.

Shane en otro bar

Pero entonces sí me dejabas salir de noche,
cuando él tardaba demasiado y tú, otra vez,
me mandabas a buscarlo, no se parta la cabeza
ya sabes que cuando se emborracha…
Te quedabas como una lívida gárgola en la ventana
y aún te daba tiempo de decirme susurrando,
porque no tienen que enterarse las vecinas,
que no me acercara demasiado a la puerta
pues hay cosas que no ha de oír un niño.
Entonces yo era el pequeño Joey en *Raíces profundas*
pero él no era Shane, el errante pistolero,
sino un borracho triste en una esquina de la barra
que se apoyaba luego en mi hombro para no caer del
todo.
Ahora yo estoy sobre la mugrienta barra del poema,
donde me emborracho con silenciosos maniquíes
a los que llamo Rubén, César, Don Antonio.
Ella se impacienta en la ventana
y afuera él me espera para sostenerme en su hombro,
sin acercarse demasiado a la puerta
porque hay cosas que, de ninguna manera,
ha de oír un muerto.

R

«Vendrán meses con erre».
IVÁN TUBAU

«El perro de san Roque no tiene rabo».
TRABALENGUAS INFANTIL

Perro y hambre van siempre juntos.
Él se comería su propio rabo
si Ramón Ramírez se lo cortara.
Mina el sargazo hediondo del vertedero
y devora los restos enfermos de un ave
ya tan sólo una bola de hedor y plumas.
Luego arranca y traga los rastrojos del camino,
la hierba mala que ni el polvo quiere,
purga el cielo rojo de su entraña
y vomita un pájaro en llamas,
incapaz de engañar por más tiempo
al perro de los perros que es el hambre.
Tantas palabras terribles,
como ese perro y ese hambre,
como muerte, cáncer, carroña, amor,
Mambrú se fue a la guerra,
necesitan de ese chirrido,
del encendido de un motor en la boca.
Escribirlas es visitar el muladar del idioma,
se comen cuando uno no tiene otra cosa
y han de ser purgadas con poesía,
esa mala hierba de las cunetas de la vida.
Y el estómago queda limpio, inocente
hasta que otra hambre erre que erre,

perro sin rabo,
nos sumerja otra vez en la basura.

Abuelo cantaba en la ducha

«En sus ojos recogió muertos sin nombre,
muchos muertos recogió para mí».

YEHUDA AMIJAI

Apenas recordaba algunas palabras
de aquel idioma endemoniado de su infancia,
con jirones de una lengua de escarcha y olvido
la memoria de un bosque y una torre,
decía Hungría y en qué iba yo a pensar
sino en vampiros y en húsares duelistas.
No había agua caliente, pero aun en invierno
era feliz bajo el escuálido chorro de agua fría.
Sobre las losas del patio los últimos rizos oscuros
iban flotando inexorablemente hacia el sumidero,
como los tozudos partisanos de una guerra lejana
veían menguar su número tras cada emboscada.
A Abuela le daba vergüenza que los vecinos
le oyeran berrear en aquella jerga de gitanos
y él decía que el mayor milagro del mundo
es que se abriera una ducha y saliera agua.
Qué más podría salir de una ducha abierta,
pensaba yo, que no fuera agua y él secándose
las menguantes guedejas, el costillar marcado,
se miraba la cifra azul tatuada en el brazo.

De ratones y putas

No será pronunciado aquí su nombre,
me hizo prometer que jamás escribiría su nombre
junto a «esas palabras raras y terribles
que a ti te gustan tanto», palabras como
sepelio, epitafio, elegía.
Baste decir pues que las putas lo llamaban Ratoncito
Pérez,
porque les dejaba unos billetes marrones
con el retrato del poeta de las golondrinas
dobladitos debajo de la almohada
después de un sexo culpable y mudo,
frugal y pánico como el coito de los roedores.
No será dicho aquí su nombre
en cumplimiento de la promesa hecha
por un mal poeta imberbe y lúgubre
a un viejo excesivo y putero.
Se ha muerto el Ratoncito Pérez
y como yo tengo prohibido decir adiós
te digo hola ratón sin cola, este es tu cortejo
de nietos con pelagra y putas desdentadas
(vallejiano por lo escaso y lo lluvioso).
Puedes dejar ahí tus pantalones.
Bienvenido a tu recuerdo, abuelo.

El sueño de Bastet

La niña quería un gato;
le diría a papá que le construyera
un cajoncito de madera,
alguien recogería para ella
arena de alguna hermosa y lejana playa.
Pero la muerte quería una niña.
Y ya tenía la tierra.
Ya tenía el cajón.

Instrucciones para la lectura de poesía

Cuentan del rey Mitrídates del Ponto,
un viejito mezquino perdido
entre el orín y el cieno del tiempo,
que era inmune a toda suerte de venenos.
Dicen de él libros enmohecidos, páginas quemadas,
que a fuerza de dar cada día un mordisco de ira,
de tomar, hoy una gota lenta de la ponzoña del áspid,
mañana el polen de la flor del olvido,
ningún cabrón intrigante sudaría en su trono
durante las tediosas audiencias en los veranos del Ponto.
Y no cuenta nadie, pero yo lo imagino
sostenido a la vida por una hebra de odio,
por el hilo cortante de la avaricia
como un cordón umbilical con que se nace a la muerte.
Lo imagino en el final pestilente de sus largos días,
hecho ya sólo una pasita insomne y amarga,
riendo a carcajadas unas lágrimas de láudano
capaces de matar a cualquier alimaña.
Y ustedes dirán dónde está la poesía;
tiene que ver con el anciano Mitrídates:
la poesía es un sapo con piel de alabastro
cuyo solo tacto trastoca el recuerdo,
una urticante orquídea tramposa,
una mosca púrpura que abreva en tu sueño.
Exprime su espina, su aguijón, su lengua,
hasta ser tú mismo ciempiés, escorpión,
el prohibido rastrojo que orilla el camino.
Y que ningún cabrón poeta pueda herirte.

Poeta mayor

> «con el horror de la literatura
> y loco de crepúsculo y aurora».
>
> DARÍO

Yo soy el más pequeño de sus hijos,
el inesperado, el medio tonto,
nací cuando se agotaron los cisnes
y mi hermano Rubén ungido en licor
se reía mala suerte muchacho,
yo ya soy una piedra dichosa.
Yo soy sin duda su hijo más tenue,
mi oficio suele ser mirarla morir,
exprimir un dragón que olvidara Rubén
y verter en el gotero ese fuego olvidado
mientras ella delira ay mi hijo querido,
y me confunde otra vez con su unicornio borracho,
con su príncipe cholo inventor de princesas.
Yo soy su hijo bastardo, cambio las sábanas
para que nadie sepa que moja la cama,
y pienso, izando al viento de estos tiempos terribles
la bandera corsaria que urdió su añoranza,
mala suerte muchacho
la poesía es una vieja que espera
a un feliz caballero que la adora sin verla.

Ilíada

> «No fuiste en las naves con bancos.
> No entraste al alcázar de Troya».
> ESTESÍCORO

Creo que son de una humilde aleación,
latón y níquel.
Aquí sólo quedan mendigos y poetas
(y los segundos necesitan más a los primeros que al
contrario).
Escarbando entre los adoquines con los ojos
buscando, unos, la limosna del azar,
otros, la moneda pequeñita, latón y níquel,
que encaje en los párpados cerrados
de niñas que partieron en naves con bancos
y entraron sangrientas al alcázar de Troya
destazando héroes a su ligero paso.

Un montón de ratones muertos

(Ningún animal ha sido dañado durante la
elaboración de este poema)

Millones de ratones de laboratorio mueren cada año,
ratones albinos de pupilas rojas,
ellos son la carne de jeringa contra el Alzheimer,
la tropa de trinchera que cerca al cáncer.
Alguien practica una incisión al ratón 323-H
y como el resultado es adverso procede con su hermano,
el 324-H, que vacía el esfínter de puro pánico
bajo el mismo sol de pega que lo vio nacer.
Al final, un día, en uno de los ratones blancos,
aparecerá la respuesta, el antídoto, la esperanza,
y nadie preguntará por aquel mudo sacrificio.
Quizás todo esto es demasiado retorcido,
otra metáfora absurda dirán ustedes,
cuando ya se ha desterrado la metáfora,
pero a mí me sirve; al final del experimento no
encontré la cura.
Supe alguna verdad sobre la poesía demasiado tarde,
la miré como una muchacha pobre contempla
unos zapatos bonitos.
Le di camadas de criaturas inocentes y ciegas,
yo criaba poemas de hocicos rosados
y por el olor a miedo, por el grito estéril,
se puede seguir mi carnicero paso
siguiendo el rastro de poemas fallidos,
de ratones muertos.

Monstruo

Otra vez se ha vuelto a estropear
el viejo televisor en blanco y negro,
joder justo hoy que echaban
La criatura del pantano.
Cuándo vamos a tener uno en colores,
donde sean azules los ojos de Grace Kelly
y roja la sangre de los malos.
A ti nunca te gustaron las películas,
los marcianos de papel de aluminio te daban risa
y las criaturas de escamas de cartón te daban pena.
Es por eso que me imagino el poema en blanco y negro;
tú lo enciendes en el cuarto de costura de la muerte
y te preguntas dónde estará el niño,
mientras atisbas, entre las humeantes cataratas de tus
ojos,
un ser grotesco que repta por las aristas de los versos,
y te da risa, y te da pena,
y me llamas desde el fondo del olvido
sin saber que el endriago, el mamarracho
que pasta las cifras olvidables de esa tarde,
el monstruo enfrente, en el poema,
soy yo.

Madona con niño en la puerta de servicio

Yo no sabía qué era aquello,
un desconocido sentimiento sin nombre
que estaba acaso entre la rabia y la vergüenza
y me mataba cuando esperábamos de pie,
en la calle, en la puerta de atrás,
escuchando el ajetreo de las cocinas,
el tintineo de los cubiertos en la mesa.
Y ella que contestaba como en un poema de Estellés:
Sí, mi nieto, el mayor, el de María,
el que me lee los versos.
Y la mano perfumada de la señora aquella
que dejaba en mi pelo sucio
el aroma anfibio del bienestar.
Ahora sé que aquella palabra perdida de mi infancia
es hermosa a la manera de las hienas,
al modo letal de la mantis en la cópula.
Si alguna vez hice un poema
que mereciera tal nombre, tal dispendio,
a ti te lo debo, desconsuelo.

Contrabestiario infantil

Nunca conté borregos para dormirme,
en mi sueño de tundra vivía
una famélica manada de lobos.
No metí monedas por el lomo de un puerco,
ni tuve un perro para llamarlo *Rayo*
y jugar con él en las horas violentas.
Las palomas no comieron el pan que no sobraba.
Y el ratón Pérez se llevaba los dientes
con los niños aún pegados a ellos.
Los animales que poblaron mi niñez
eran terribles bestias invisibles:
mágicas tarántulas sedientas de licor
que sólo mi abuelo podía ver
y un avaricioso cangrejo albino y ciego
que, decían, vivía en los pulmones de mi abuela.

Una breve nota en la ventana

«La niña está sola: ¡vamos!».
MARTÍ

Había dejado una notita en la ventana
con su lenta caligrafía de ciempiés herido.
La gente que pasaba por delante de la casa
se preguntaba quién se habrá muerto,
quién será tan importante, tan íntimo,
para que haya cerrado todo un día,
ella, quien incluso en las tardes de guerra
estuvo al filo de su urdimbre
como una araña oscura en la tormenta.
Ahora también yo cerraría el poema,
y que si alguien pasase por aquí dijese
quién se habrá muerto,
quién será tan consanguíneo,
tan elegíaco,
para que él,
incansable en sus imitaciones,
tan terco en sus torpezas,
no esté, también hoy,
al parco pie de su labor inútil.
Nombraría una ventana, sin venir a cuento,
para tener donde dejar la breve nota
que diga fui con ella, tras la caja blanca.
Pero he de quedarme aquí,
en este eco, en este remedo,
en esta poesía advenediza y provinciana
que no puede permitirse, ni siquiera

este día de hace casi un siglo,
cerrar por duelo.

El lector y la ballena

«Por fin llegó tu turno de pertenecer a la morfina».
N. Yonatán

Le leía Moby Dick a los pies de la cama.
No quería morirse sin haber leído otra vez Moby Dick;
imagínense, ese novelón, no era tonto,
sabía que no podía morirse hasta que yo dijera
y el gran sudario del mar siguió meciéndose…
Eso le daba al menos un par de semanas de vida.
Era inmortal hasta el decisivo ataque del monstruo.
Me decía que leyera muy despacio,
saboreando el ámbar gris
y relamiendo la sangre sobre la cubierta.
Se hundió con el Pequod en el mar de las brumas.
Ya nadie me llama Ismael.
Estoy perdido en el océano,
flotando sobre un ataúd.

Patria

Recorro el camino de regreso.
El primer pellejo sanguinolento,
el primer perro triturado en el asfalto.
Y sé que estoy en casa.

La costurera y las putas

Cuando nadie quería tener nada con ellas,
y los hombres que habían estado allí anoche
se hundían el sombrero hasta los ojos
al pasar por la puerta del brazo de sus señoras,
y las beatas se hacían la señal de la cruz,
y el lechero decía perro mundo entre dientes
cuando el vaho de la música y las risas
salían golpeando su rostro buscando la luz,
entonces tú recogías aquella ropa
y te alejabas con la cesta sobre tu frente,
hundida por el demasiado peso
de tanto amor muerto en tu cabeza.

Ulises y el capitán Ahab se encuentran en el estrecho de Mesina

Uno busca una ballena blanca
grande como una isla.

Otro busca una isla
que huye como una ballena.

Quizá el mar no sea suficiente
para dos hombres odiados por los dioses.

El arco

Nadie,
ni el más fuerte
de los nobles pretendientes,
puede tensar el arco de Odiseo.
Los largos días de banquetes y molicie
han acomodado los brazos y la atención
de los aspirantes al lecho del viajero.
Entonces, un hombre con vestiduras extrañas
que jura no saber dónde se encuentra,
sabe tratar el arco de Ulises
a pesar de estar medio borracho.
Esa noche Leopold Bloom
saboreará las ganas antiguas
de la ardiente Penélope.

Ítaca en tu ausencia

Los sacerdotes de Poseidón
no querían que volviera el heresiarca.
Las aseguradoras navieras no querían
que volviera el marinero.
Los pretendientes no querían
que volviera el esposo.
Los fabricantes de telares no querían
que volviera el amante.
Los proveedores de vino no querían
que volviera el aguafiestas.
Los generales no querían
que volviera el mártir.

Te esperaban
una mujer al límite del desaliento,
un muchacho imberbe,
un anciano contando los árboles,
un porquerizo, algún criado
y un perro moribundo.

Rey Ulises,
es hora de cambiar las leyes.

Las piedras en el camino

Los lentos años de amor
enredado en Calipso
te han hecho un maestro
en el manejo de la paciencia;
los insultos y las burlas
de los confiados pretendientes
no pueden sacar a tus ojos
el odio que se incuba en tu corazón.
La desesperada astucia que alumbraron
la tenacidad de Troya
y la crueldad de Polifemo
te han cincelado una mente
retorcida e intrincada,
como las callejas de Ítaca.
La inocente perplejidad de Nausícaa
ha salvado el poquito de inocencia
que precisa toda sabiduría.
El odio del dios de los océanos
ha forjado contra sus olas
tus brazos capaces, a pesar de los años,
de tensar el arco dormido de la venganza.
Tus ojos, acostumbrados a la lejanía,
a los ínfimos detalles en el horizonte,
hacen que tus dedos no yerren el tiro.
Ahora, la nobleza terrateniente de Duliquio
riega con su sangre
las losas de tu suelo.
No hay que llegar primero,
sino hay que saber llegar.

El arca se fue llenando de animales:
una pareja de lémures,
una pareja de lobos,
una pareja de cebras,
hasta una pareja de alacranes.
Todas las bestias emparejadas,
todas las criaturas de dos en dos.
Pero tú y yo…, qué lástima: yo
en la proa oteando el horizonte
y tú en la popa mirando el desastre.

Estirpe

Detesto a estos viejos severos de los retratos,
humo y cochambre,
los codos hechos a la mugre de las barras.
Creían haber llegado a alguna parte
pero eran sólo agotados, malolientes
gigantes varados en las piedras
de una playa lamida por la bruma.
Sé bien de lo que hablo,
ya casi soy uno de ellos.
Eso es el tiempo;
ir convirtiéndonos, poco a poco,
en lo que odiamos.

Pasar por el mundo

En un vaso olvidada se desmayaba una flor;
y no había más poesía en aquella habitación de hospital.
Tenía el color de las hostias de mi infancia,
pero mi padre volvió
a pesar de que los aparatos exhalaron
su aguda elegía electrónica.
Había visto el túnel oscuro y veloz
y la luz al fondo.
El viejo cabrón se enderezó en la cama
y se golpeó el pecho como un mono diciendo
joder,
hasta a la muerte
vamos los pobres en metro.
Jamás le había respetado tanto.

Trileros

La poesía no es el tipo que mueve los vasos
más deprisa que los ojos del incauto.
Ni los veloces vasos turnándose en la confusión.
La poesía no es la piedrita
que a esas alturas ya no se esconde
bajo ninguno de los vasos.
La poesía es el niño sin camisa
que aprovecha el despiste del gentío
para meter sus manitas sucias
en los bolsillos ajenos

Animales de laboratorio

El mono mira las probetas y los microscopios
y aunque nació en un lugar muy parecido a éste,
el miedo ha pulsado una tecla a saber dónde
y recuerda, sin haber visto jamás,
una selva húmeda y cenital
desde la que los suyos orinaban con delirio
sobre los leopardos dormidos.
Cuando venga la muerte
también mi pánico rebosará
los esfínteres de la memoria.
Y me perderé para siempre en los días felices,
cuando dormitaba en las ramas del caobo
y del cielo llovía la fragante alegría
de los monos.

Yo le debía esta elegía a la tía Teresa

Te olvidaron durante quince años en una habitación
oscura.
Quince años a oscuras en el subtrópico se dice
pronto, Dios bendito,
dijo mamá, viene hasta en la prensa qué vergüenza y
qué pena
igualito que en una historia de terror.
Tía Teresa,
cuántos amaneceres sucedieron con la luz que te
quitaron...
Pero tú no fuiste fea ni susto aun con las guedejas
blancas hasta el suelo
y las uñas amarillas combadas hasta este poema de hoy.
Tú nos acariciabas el pelo y nos dabas un caramelo
amargo.
Un día dejamos de visitarte, me pasó contigo
lo que con los poemas de Vallejo;
sabía que estabas ahí, frágil y mineral a un tiempo,
como el jodido cholo en su aguacero,
creía que bastaba invocarte como en una película de
fantasmas,
escribir tu nombre en un papel
y meterlo en las fauces de tu perro de porcelana.
Alguien dijo que la poesía es una habitación a oscuras.
Yo digo que la poesía es una habitación a oscuras con
una vieja dentro,
una vieja loca y hermosa que huele a infancia y a ciruelas
aunque defeque quince años seguidos en un cuarto
oscuro.

Es más, díganle a la tía Teresa si la ven en sus pesadillas
que digo yo que la poesía es un espectro olvidado,
una anciana que se ríe de la luz nadando en su mierda,
un endriago con un camisón de volantes
que te acaricia el pelo y te da luego un caramelo amargo
y espera inclinada tu beso en su rostro
para devorarlo un día a solas y a tientas
durante los largos años que dura el olvido.

Destino

Papá se casó con un traje prestado.
La noche que me concibió,
ebrio y torpe,
sólo su desnudez era suya.
Entre chirrido y chirrido
de la cama de hierro susurró a mi madre:
ahí va un poeta

Sólo tú, abuela, podrías hacer de la muerte una cuestión ornitológica

La noticia de la muerte sólo era real
cuando tú decías
pobrecillo, se quedó como un pajarito.
Uno se imaginaba entonces un muertito emplumado,
alguien exhalando su último trino
acurrucado entre dos marchitas alas verdes.
El cielo sería una enorme jaula blanca
y el infierno un asador de pollos.
Ahora la muerte es la tuya
y yo juego a que estás viva,
compadeciéndote de tu cuerpo agotado,
diciendo de ti misma pobre mujer,
ovillada como un pajarito.
Y ahí estás
como una golondrina seca y tiesa
que siempre confundió los cristales
con el cielo.

Los zapatos del abuelo

«con franca rectitud de cojo amargo».
VALLEJO

Cuando murió, sus zapatos,
sus duros y lustrosos zapatos negros,
fueron para mí.
Anacrónicos acorazados para la tierra roja
de las cuatro polvorientas calles de tierra
que minó día a día fingiendo ir a alguna parte,
con los que se tambaleó bajo la luz tiñosa de farolas
que arrojaban más sombras a las sombras.
Sólo yo de entre todos sus nietos
tenía pies iguales a los suyos,
pies retorcidos como aquellas calles
y pasos que dudaban en la puerta de los mercados,
que retrocedían ante las muchachas hermosas.
Yo voy por la vida en los zapatos de un muerto;
el suelo me reconoce como uno de los suyos.

Lo que otros tiran

Yo frecuento el muladar de la memoria,
los esteparios vertederos del olvido.
Los poetas desperdician demasiado,
tiran los versos a medio comer,
los costillares de sus mayores
con los delirios aún prendidos.
En la cáscara, en el hueso
yo encuentro lo que busco,
de ahí este poso de luz mordida,
este acre regusto a hambre usada.

Cosas del suelo

De niña mamá recogió del suelo
un pequeño fruto rojo y redondo.
Lo comió, tenía hambre,
no sólo hambre hambre,
también hambre de cosas de colores.
Aquello era venenoso, tonta madre,
por eso no tenía dueño.
Más tarde mamá lanzó al mundo
sus propios frutos,
también pequeños y rojos;
yo soy el primero.
Quien muerde se envenena.

El poeta

«Haced que se me caiga
la piel de serpiente del orgullo».

Z. Herbert

Todos mis hermanos son mejores poetas que yo;
sabrían sembrar sus cálculos renales en el baldío de Elliot
y conseguir que de ellos nacieran
camadas albinas de versos carnívoros.
Pero no lo hicieron y nunca lo harán,
son también más inteligentes.
Yo no valía para otra cosa.
Por eso fue que decidieron mandarme a mí
en la nave sin rumbo y enloquecida de la poesía.
Como quien manda un perro al espacio.

Sicario

Yo soy el sicario.
Me encontraron jugando descalzo
con un poema de madera
en el albañal de las vanguardias.
En los callejones que olían a meados,
robando las notitas escritas a mano
del bolsillo de poetastros borrachos.
Dijeron
éste nos servirá.
Tiene la ingenuidad de un rinoceronte
y el corazón oportunista del coyote.
Me adiestraron en la palestra de sus academias,
administraron mi hambre de crepúsculos
y cuando estuve preparado me dieron
un lanzaversos automático y la foto del enemigo.
Ahora sería un extraño en el basural de mis recuerdos.
Pertenezco a la casa de los amos.
Ellos me dan palmadas en la espalda
y me dejan que coma en su cocina.

Obsolescencia programada

Para ti,
que respiras en tu escafandra
oxígeno recolectado en la lejana Tierra
sobre la superficie de esta luna mercurial,
estos versos
que se rompen en tus manos.

Salir rana

Yo tenía ojos de rana,
inquietos ojos saltones
que miraron aquel primer quirófano
añorando algún fantasmagórico manglar.
Yo tenía lengua de rana,
una lengua pegajosa y añil
con un hambre nueva y remota a la vez,
que buscaba en el aire del paritorio
espléndidas libélulas de élitros rojos.
Yo tenía piel de rana,
una piel verde y viscosa
hecha para el disimulo y la emboscada.
Yo salí rana,
sigo siendo un resbaladizo batracio
croando oculto en el espeso silencio,
cazando insectos voladores en la noche,
comiendo alas para digerir la libertad.

Fotografía signalética

Una muchacha que no tuvo jamás vestiditos nuevos
ni vida para haberlos deseado.
Un montón de muertos preguntándose
por qué está oscuro
si empeñamos las pupilas en claustros y rosarios
para comprar el rancio aceite
que alimenta el candil de la eternidad.
Lo que ya dijeron poetas de veras importantes
y yo torpemente disfrazo aquí y allá.
No hay más,
esta es mi ficha,
me han calado,
no hace falta poner por triplicado,
por favor,
esta inaguantable cara de tonto.

Piedra, papel, tijera

Una losa en el larvario del olvido
que no puede impedir que cada día,
a la hora del almuerzo,
se abra la boca sin fondo de tu ausencia.
Tu nombre mal escrito en un papel amarillo
en el cajón de las cosas para después de morir.
Las figuritas recortables que se quedaron esperando
tu adorable manera de cercenarles la cabeza.

Niña tonta

Por qué no dijiste que otro día,
que aún no, que llevabas mucha prisa,
que llamara a otra que tú
tenías que hacer muchos mandados.

Tío Manuelito el taxidermista

Hace setenta años iba caminando al lado de mamá
y se sintió de repente muy cansado.
Tenía rubio hasta el corazón el tío abuelo Manuel,
un casi albino corazón de niño viejo
que se paró esa lejana tarde de posguerra.
Entonces me lo entregaron a mí,
como cuando Don Corleone
entrega el cuerpo acribillado de Santino al funerario
para que rehaga su cara y borre luego de ella
todo rastro de espanto y de sorpresa.
Ahora tengo aquí al tío abuelo Manuel;
le meto unos versos por la nariz,
extraigo todo lo que pesa más que el hambre,
le perfumo cada pequeño desconsuelo.
Lo siento en el sillón de la salita
donde cada tarde mira la tele la familia.
Parecen vivos sus grandes ojos grises
y si no lo hubiera disecado yo juraría
que de su boca cosida, que jamás pidió nada,
se ha escapado una lenta,
resbaladiza sonrisa de lástima.

Patria

«No amo mi patria».
J. E. PACHECO

Yo detestaba oír cantar a mi madre
mientras tendía la ropa.
Por qué cantaba si aquellas prendas zurcidas
conservaban aún los gestos de sus difuntos
como el pellejo usado de una víbora
guarda el miedo del ratón.
Detestaba que se pusiera sobre el mantel
un cubierto para una muerta
que no se había ganado su hambre.
Ha pasado el tiempo, veloz como la dicha;
esa ropa ondeando en la canícula
como la bandera de una república de espectros,
el repicar de las cucharas
en el fondo de los platos
como una sonda lanzada al bajío
desde la proa de un barco fantasma,
son ahora la divisa y el himno sagrados
del ínfimo, prescindible país, de mi memoria.

Poética

Todo empezó cuando mamá,
mirando las puntas de los lápices
decía:
si gastas ahora todos los colores,
no podrás pintar más árboles,
ni más tigres, cuando te lo pidan.
Y tracé bosques calcinados
por rayos que nadie veía,
sigilosas fieras a las que bastaba ser
dos radiantes ojos en la noche.

¿Qué sería la vida si no hubieras nacido?

«Un cometa sin manto muriéndose de frío».
VICENTE HUIDOBRO

Te esperaba en los lechos de los mares.
Mudo en el epicentro de la arcilla
siglos sin lluvia, centurias glaciares.
Yo era el musgo del árbol y la astilla

que el viento deposita en los manglares.
Yo fui la estrella lejana y amarilla
que cruzó las distancias estelares
para esperarte, rota, en esta orilla

a la que estaba escrito que vendrías
a iluminar edades impacientes,
a inaugurar el sol, las primaveras.

Qué infinita extensión de noches frías,
marcando cada piedra con los dientes
esperando el momento en que nacieras.

Minos entre la multitud

Con una sucia túnica y la barba crecida,
hay días y hay madrugadas en las que el rey
se mezcla con las multitudes del mercado,
con los ahogados en el vino de las cantinas.
Nadie le reconocerá,
para ellos solo es el hijo de Zeus,
el perfil de las huidizas monedas.
A las vendedoras y a los marineros borrachos,
a los soldados y a los comerciantes en púrpura,
mendigo, peregrino, anciano, el rey interroga
sobre el secreto horror del laberinto:
—¿Qué sabes, muchacha, del engendro
que dicen esconde el ingenio de Dédalo?
—Sé que cuando la pobreza y la desgracia
no nos caben en la casa,
que cuando las guerras de Minos
escupen a los hombres hechos solo cenizas
y un escudo abollado,
nos sentamos mirando a palacio
sobre la suave colina desde donde el sol reverbera
en las sagradas puertas de bronce
y reímos,
reímos como solo lo saben hacer los miserables.

Sin tregua

Salgo del *ring* medio sonado.
El agua de la ducha arrastra mi sangre
a las cloacas cerrando así el ciclo iniciado
por el primero de los míos.
Me han dado hasta en los recuerdos.
Me han fracturado el tabique nasal
(y lo peor de eso es que perderé
durante meses el rastro de tu sexo).
Salgo a la calle magullado y tuerto.
Suena desde algún lugar de este mundo
una enorme invisible campana
y comienza otro combate
en el que tampoco gano nunca.

Apuestas

Esta noche cotizo cien a uno.
Si quisiera esta tarde no emborracharme,
comer algo caliente,
dormir un poco,
preparar mi estrategia,
no follar,
no volver a emborracharme,
no malgastar mi odio
por las esquinas del mundo,
entonces
empezarían a confiar en mí.
Algún tipo con traje de seda
ganaría un montón de billetes,
le compraría a su querida
un collar de perlas
y la invitaría a cenar a un sitio caro.
Ella, como siempre, le pagaría
con una mamada rápida en el coche
mientras piensa cuánto habrán costado las perlas.
Yo entonces me emborracho,
no pruebo bocado,
no duermo,
no sé ni el nombre de mi adversario,
follo como un animal,
vuelvo a emborracharme para olvidar
que no soy un animal,
malgasto mi odio por las esquinas del mundo.
Y un pobre tipo que cree
que también el deseo se compra
no tirará hoy su dinero.

Aunque parezca otra elegía a Pavese éste es un poema a tus ojos

«alguien fue herido
hace mucho tiempo».
CESARE PAVESE

Demasiado se ha escrito sobre aquella jornada,
aquel hotel, las dieciséis pastillitas no se sabe
si engullidas de golpe o una a una;
la muerte se desconoce si trasegada de un solo amargo
sorbo
o si dedicó cada estocada de veneno a una pena, a un
desamor,
si las tomó como un crío toma las cucharadas de sopa:
ésta para mamá, ésta para tal ingratitud, ésta para
cual traición…
Demasiado se ha recreado luego aquel verso afortunado,
el que habla de la muerte y de los ojos de alguien,
los ojos amados, ojos como pastillitas amarillas.
Se ha jugado con ese verso terrible
como un niño juega con la pistola cargada del padre
olvidada como a veces se olvida la muerte,
como se olvida alguien de tomarse sus pastillas.
La muerte ha venido desde entonces con ojos de
todos los colores,
con ojos de todos los desdenes,
han venido ojos con otros ojos dentro,
muertes con ojos de perro fumando en pipa,
pastillas con ojos que te exploran por dentro
mientras caen al fondo de un poema olvidado en un
hotel.

Pero qué verso, Pavese, qué verso ten bello y tan amargo.
A mí
(cómo sustraerse a una nueva vuelta de tuerca,
a seguir exprimiendo a ese muerto, sus párpados,
su muerte con ojeras, sus gafas redondas como pastillas),
a mí lo que de verdad me asusta de la muerte,
venga o no tragando pastillas y fumando en pipa,
lo que de verdad me atormenta es
que cuando venga la muerte
no tenga, amor, tus ojos.

La hermana muerta

Ya ves, nena, no te mentía al decirte
que otro mar es posible;
vamos a la isla del millón de monos,
de los cazadores de cabezas,
de los leones enanos
y de los rajás blancos de Sarawak.
Tú serás la sonrosada almiranta
que temerán los sampanes piratas.
Con el sable de Sandokán,
tinto en sangre de visires y húsares,
ha sido cortado tu cordón umbilical,
alimento del kraken.
Nos aliaremos con la viuda Ching
y bajo la enseña de la serpiente
tomaremos sake con pólvora
antes de arrasar las costas de Catay.
Mi pequeña virreina,
en tus diminutos, atorados pulmones,
soplarán los macacos
sus arbóreos aullidos nocturnos
y tú respirarás para siempre
con un aroma de luna creciente.
Hay un corazón para ti en un pasaje de Conrad
y un insecto que se posa en tu tripa
para engullir el dolor con sus alas
y batirlas después como una bandera
que conjura huracanes
en la más alta gavia de nuestra armada terrible.

Serpientes

No tememos a la cobra real
siseando en las losas del baño.
Ni a la pitón verde
capaz de devorar a un mono grande.
Ni a las más pequeñas,
las que necesitan venenos terribles,
las que amanecerán en nuestros zapatos
y entenderán por tanto que hemos recorrido
un camino lo suficientemente duro
como para saber que los seres refulgentes
son también los más letales.
Nosotros dormiremos con las ventanas bien abiertas;
existen serpientes más terribles,
albinas boas parásitas,
ciegas culebras del desconsuelo,
anacondas de junglas viscerales.
Serpientes que asoman en la noche
a las bocas abiertas de los niños
para comprobar decepcionadas
que la mesa no está puesta.
Existen ofidios secretos
más allá de lo oscuro de la selva,
y a esos, a todos,
los hemos llevado dentro.

Los héroes

Nuestros héroes
no serán tallados en la piedra,
pues de ella provienen,
y no han llegado hasta tan lejos
para dejar entumecer sus mandíbulas.
No serán fotografiados oportunamente
en la intersección entre cierta luz de la tarde
y la eternidad,
puesto que abominaron de toda iconografía
desde el día en que se comprobó
la acción ennegrecedora de la luz
sobre ciertas sales de plata,
allá,
en la prehistoria de los satélites espías,
cuando alguien los juntó descalzos
delante del carromato de colores
y dijo quietos,
miren el pajarito
y ¡chas!
El pajarito les dejó para siempre
el hambre en los ojos.

El reparto

Papá, a ti entregará el sultán
su espada con rubíes engastados
para que destripes sargos rojos
sobre tu sombra de pescador sin suerte.
La dejarás en su sitio
al final de cada jornada,
oliendo a escamas de peces que,
cada tarde,
te creerán emperador de los malayos.
Mamá colgará de las palmeras
las radiografías de sus rodillas
por ver si es cierto
que el viento de ciclón cura los huesos.
Un lorito de colores
para mi hermana muerta,
uno que sepa contar historias de piratas
en el idioma de la muñecas de trapo.
Para mi hermano un tigre
y una caja de pinceles
que él se encargará de repoblar
las miríadas de islas sin nombre
con endémicas bestias que tendrán
el color del crepúsculo.
Para los muertos
un lugar donde morir
que no hayan de devolver;
debe de ser duro hacerse a un agujero
y tener que abandonarlo
para que otro olvido fermente
en un olvido que era nuestro.

Autoestopista hacia Nod

«... y andarás por ella fugitivo y errante».
GÉNESIS, IV, 12.

Pasa un camión lleno de fedayines.
Pasa un unicornio de acero
marcado con barras y estrellas; la divisa del Señor.
Pasa un poeta cuyos pies nunca hollarán este lodo.
Pasa Jimmy Dean en un automóvil caro
y se detiene para decirme
¡eh! yo te comprendo,
aquí tienes mis gafas oscuras
con las que mirar la eternidad sin deslumbrarte.
Pasa Alejandro de Macedonia;
pero cómo detener el galope de Bucéfalo,
que esta noche rumiará la hierba de Persia.
Pasa el Profeta con una manta y un sueño.
Pasan ejércitos que engullirá el tiempo
con un simple gesto de sus fauces de polvo.
Pasan pájaros llegados del invierno
rumbo a las aguas quietas de Chat el Arab
sin saber que del oasis queda una ciénaga
salpicada de plomo.
Pasa miçer Marco Polo
con las credenciales del Dux para el Gran Kan
en algún lugar de sus ropajes
olorosos aún a sal de Venecia.
Pasan los hombres que plantan los oleoductos
que desembocan en oficinas de Londres,
en autos de Todio,
en palacetes de Riad.

Pasan peregrinos y cruzados.
Pasan caravanas y reactores.
Yo sigo al borde del camino,
mi pulgar hacia arriba.
Pero nadie recoge a un asesino;
ni siquiera aquellos
que van o vuelven
de matar.

Los leones no se comían a los corderos.
Los corderos no pisaban el césped.
Las ranitas azules no escupían veneno.
La lluvia no ahogaba a las hormigas.
Las hormigas no acarreaban ranitas muertas.

En el bodegón de Dios
los caimanes posan cola con cola
junto a los bueyes.

Él regresaba al firmamento,
las barbas salpicadas
de colores desconocidos,
con la mirada de un niño
que deja una hoguera a sus espaldas.

A escondidas los ángeles se burlaban
de sus naturalezas muertas.

El agujero

Mamá lleva treinta y siete años
pagando un agujero para mí.
Con todo lo que lleva pagado
por ese agujero de dos metros
por setenta
podría yo haber visto Alejandría
con estos ojos que mamá
prometió un día a los gusanos,
hubiera podido yo
afrontar tan larga oscuridad
con el sol de Alejandría
en mis retinas muertas.
Su mayor preocupación, la de mamá,
para cuando ella faltara,
era que no olvidase en qué cajón
estaban los papeles
que nos confirmaban, a ella y a mí,
como dueños transitorios de dos agujeros
en un panal de insectos muertos.
Me aconsejaba mi madre que en su ausencia
no dejara de pagar mi agujero y que solicitara otro
para el hijo que no he tenido, al que dejaré, como
única certeza, un agujero que no existe.

Relaciones y epitafio de Gastón Baquero

Era el esclavo preferido de Nefertiti.
Era el médico de las estatuas quemadas por la luna.
Era el vigía de Marcel Proust en la bahía de Corinto.
Era el hermano negro de Stéphane Mallarmé.
Era el coreógrafo de Manuela Sáenz y Giuseppe
Garibaldi.
Era el que hacía llover bajo el paraguas de Vallejo.
Era el mezclador de colores de Alberto Durero.
Era el afinador de claves de Juan Sebastian Bach.
Era el depositario de la roja peluca de Vivaldi.
Era el que llevaba naranjas a Walterio Whitman.
Era el compañero de pintas de Dylan Thomas.
No nació en Cuba: nació en un sueño de Saúl sobre la
espada.
Y con todo eso, otro día, ichas!,
en medio del sucedáneo de primavera de Madrid
cayó de su chaleco aquella ceiba invisible,
y aquí yace cubierto por las borras del café,
náufrago inocente en la arena del destierro,
aquí yace, Gastón Baquero.

El regreso del conde Drácula

Dejé mi castillo en Transilvania,
las noches de vírgenes campesinas
empapadas en sangre desbocada.
Cogí mi ataúd, mi mejor capa,
un juego de colmillos postizos
y el manual del buen vampiro
y partí sediento de tu cuello,
dejando encargada a mi leyenda
de cuidar del miedo de los viejos,
de ulular bajo la luna de los Cárpatos.
El viaje sin biodramina fue terrible.
Perdí mi frac a la baraja
en un tugurio del puerto de Shanghái.
No había faro en la ensenada de tus brazos
al llegar y a pesar de todo te dije
lo que Gary Oldman a Winona Ryder
una tarde en el Londres victoriano[1].
Entonces me atravesaste con las estacas de tus ojos
y probé el crucifijo del desconsuelo:
¿Pero no es usted el conde de Montecristo?

---

1. *He atravesado océanos de tiempo para encontrarte.*

El primer poeta en la luna

¿Quién de nosotros será?
¿Quién será el primero en pisar
la secular musa de nuestra tristeza?

Aunque hay quien sostiene que siempre
estuvimos allí.
Quizá llegamos antes que Verne o que Méliès
y cuando Armstrong
quiso estampar su huella en la eternidad
borró antes, disimuladamente,
la pisada medieval de un trovador
tras el surco fosilizado de unas trenzas.

Pero, obviando esos detalles legendarios,
alguno ha de ser entre nosotros,
a pesar de nuestro corporativo rechazo
a los artefactos y las escafandras.

En cualquier caso, el primero que llegue
confirme que el agua ínfima en el microscopio
es una lágrima de Darío,
que en medio del Mar de la Tranquilidad
se halla, efectivamente, la Isla de Blake.

No obstante de algo estoy seguro;
quienquiera que sea
nuestro cónsul en el firmamento,
lo primero que hará a su llegada
a la pálida faz de la Luna,

será elevar la mirada
y buscar con ansiedad la Luna
en el cielo.

Poesía, periferia

Cuando amanecen los lunes
aquí nos quedamos
los niños pequeños,
los borrachos,
los parientes lunáticos,
a sus anchas los perros,
los sin oficio
y el poeta.
El poeta pequeño,
el poeta borracho,
el poeta lunático,
el perro poeta,
el poeta sin oficio.

Urdiendo eternidades
sin las que el mundo
perfectamente puede pasarse.

El capitán Ahab vuelve a zarpar

«Vino primero pura, vestida de inocencia».
JUAN RAMÓN JIMÉNEZ

«¿Por qué no me gusta la poesía "pura"?
Por las mismas razones que no me gusta
el azúcar puro».
WITOLD GOMBROWICZ

¡Por allí resopla!

Dagoo,
Fedallah,
Tashtego,
Queequeg,
se aprestan a engrasar los arpones
con una saliva larga de espera.

Adoro el ritual estremecimiento
de las saladas cuadernas del Pequod
bajo la impaciente pata de marfil.

Resopla en los ojos de ámbar gris
la bestia de silencio
que suelen confundir las aves
con una isla de paz
en un mar de lobos.
Ordena, viejo rencoroso marinero,
que comience la cacería.

Teñiremos el mar de rojo;
la vieja Moby Dick tiene sangre
para todas las playas del mundo.

Fin del hechizo

A las doce;
cuando tengas que abandonar
el baile y se tornen
calabaza la carroza,
ratones los corceles,
andrajos el vestido,
ceniza el resplandor,
por favor,
no te olvides el zapato.

El acecho

Descubrirás al amanecer
las huellas inconfundibles
de la bestia:

Esparcidas por tu alcoba
la sangre de las gallinas degolladas,
las tiernas entrañas de los corderos,
un olor a luna plena
sumido en las paredes.

Sangres de artificio
antes de la fiesta
de tu sangre.

Sabrás que te estuve contemplando
las garras puestas
en la nube de tu aliento.

Harás acopio de balas de plata
y sortilegios.

Y sabremos entonces
que la cacería ha empezado.

El ombligo del mundo

Mientras desde el minarete
derrame el almuédano su letanía
sobre las almas de los creyentes
y en las vastas estepas de Mongolia
jinetes invulnerables al tiempo
domen caballos nacidos para el aire.

Mientras por las calles de Ginebra
la lluvia haga correr
a los pocos paseantes
y los francotiradores y los leopardos,
cada uno en su jungla,
ausculten pisadas en la hojarasca.

Mientras el Índico prenda con sal
los ojos de los recolectores de perlas
y los hombres azules
rastreen el olor del agua
envueltos en el simún.

Mientras el crepúsculo sobre el Bósforo
apague las cúpulas de Estambul
y en la selva de Paria
una endémica bruma
haga perder el norte a los siglos.

Mientras todo esto ocurra,
uno tiene que ser
un prestidigitador fantástico,

o un mentiroso muy hábil,
para poder seguir creyéndose
el ombligo del mundo.

Dígaselo con flores

Recoja para ella
violetas de John Donne,
margaritas de Darío,
azafrán y lirios de Ballagas.
La lorquiana, voladora, rosa errante
y la rosa ensimismada de Pessoa.
La rosa pura de Salinas
bien guarnecida por sus espinas hondas.
Las muy rojas de Verlaine
y hasta las que Don Antonio cortara
del huerto de Ronsard.
Claveles de Alberti
del mediodía heridos.
Flores del altar de Cavafis
y azules flores saladas de Neruda.
Todas generosamente regadas
con rocío de Blake,
cuajaditas con el que Gustavo Adolfo
inundó Sevilla de espera.
Saquee usted para ella
la Primavera de Hölderlin.
Rapiñe el jardín de la poesía.
Pode los colores de la Tierra.
Pero no olvide que en el amor
son a menudo imprescindibles
también las Flores del Mal.

ÍNDICE

*Este libro se terminó de editar en Granada
en marzo de 2025 por*

www.aversopoesia.com
hola@aversopoesia.com